Ingrandimenti

Onofrio Pirrotta

PRESSAPPOCO

Papere, bufale e altre bestialità dei giornalisti italiani

ARNOLDO MONDADORI EDITORE

ISBN 88-04-35112-8

I edizione gennaio 1992

Sommario

3 *Premessa*

5 I Ma che storia è questa?

I Rossi dell'India; 7; Francesco va a messa, 8; La Pax Scalfariana, 10; Viva l'Inquisizione, 13; Alcide Tambroni, 16; Dio guardi!, 18; In tubis venenum, 19; Da Versailles a Vienna, 20; Tutta colpa di Popov, 21; Bush e sant'Ambrogio, 23; I rossori di Montanelli, 26; L'incendio di una bustina di Minerva, 28

33 II Mezza bottiglia di vino

Falso, si stampi, 34; Di carte e sulla sabbia, 37; L'America dimenticata, 39; Le leggi di Vattelappesca, 41; Scipione l'Africano, 43; Una gara per Pinocchio, 44; Disco rosso per Giovanni, 48; Il cappello a cilindro, 49; Una teoria signorile, 53; Un romano per un altro, 54; Saffo a Roma, 55; Una partita a poker, 57; Eltsin e il falso testimone, 59; Il telefono di Randi, 62; Un opinionista senza opinione, 73; Un primato d'epoca, 75; Scandalo a Parigi, 76

79 III Citazione ad affetto, giornalista perfetto

Kafka amareggiato, 80; Brecht e Mamma Orsa, 82; Mackie, Renzo e Lucia, 83; Meno se ne parla, meglio è, 85; Quando piove sul bagnato, 87; Via Pál, Praga, 88; Un maestro di preterizione, 89; Todo modo capitolino, 90; Angelica trama..., 91; ...E Tancredi si compromette, 93; Venti anni dopo, 95; L'autorecensione di un'autobiografia, 96; Il verso rapito, 99; Latinorum, 100; Perit qui fila tangit, 104

109 IV I fabbricanti di mostri

Niente scuse, 110; I mercanti di bambini, 114; Il caso Miriam, 119; Solo nove vite, 124; Il vibrione inesistente, 126

130 v I tuttologi

Due teologi da Londra, 132; Dilettanti allo sbaraglio, 133; Che è mai la vita?, 137; 738 anni di meno, 139

143 VI Io, io, io...

Quando scappa, scappa, 143; Alberto Sordi a Riad, 145; Un'idea pericolosa, 149; Indiana Jones in Aspromonte, 150

153 VII Boh!

Un'attenuante, 154; Le sovranità confliggenti, 155; Un vicolo cieco, 156; Nuovi strumenti di tortura, 157; La vita della polis, 158; Un paradigma, 159; Approfondire i contenuti, 159; Quanti pensieri, 160

161 VIII La parola alla difesa

Biscardi professor Aldo, 162; In giro per il mondo, 163; Balle o Lepidotteri? 163; Una visita fallita, 164; L'Orlando irritato, 166; L'anno zero, 168

171 *Appendice*

175 *Indice dei nomi*

183 *Ringraziamenti*

Pressappoco

A Lorenzo,
mio primo prezioso lettore

Premessa

> Delle persone che conosco si lasciano ingannare da artifici tipografici; pensano che un fatto sia avvenuto davvero perché è stampato in grandi caratteri neri. Confondono la verità col corpo dodici.
>
> JORGE LUIS BORGES

Quanti somari, fra i telegiornalisti italiani. Errori, sviste, gaffe, strafalcioni, spropositi, bugie, sfarfalloni. Quanti ne fanno, in tutte le reti pubbliche e private, più volte al giorno, per trecentosessantacinque giorni l'anno?

Si perderebbe il conto, se gli implacabili critici televisivi di tutti i giornali non li segnalassero, puntualmente, ai lettori-telespettatori. Fanno male? Certo che no, fanno benissimo. Fanno egregiamente il loro mestiere. Eppure, tutte le volte che i critici segnalano, giustamente, gli errori dei telegiornalisti, commettono un'ingiustizia. Perché? Perché le bugie, le gaffe, gli strafalcioni dei giornalisti che scrivono sui quotidiani e sui periodici, non li rileva, invece, quasi mai nessuno.

Così i lettori-telespettatori devono essersi convinti che la superficialità, l'approssimazione, la sciatteria, e qualche volta l'ignoranza, siano vizi di cui soffrono esclusivamente i giornalisti televisivi. E non anche quelli della carta stampata.

E invece – come queste pagine si propongono di dimostrare – pressappochisti sono gli uni e gli altri. Non sempre, ma spesso, molto spesso. Pressappochista è, ahimè, la categoria dei giornalisti.

A farne le spese sono naturalmente i lettori-telespettatori ai quali i giornali danno da bere ogni sorta di sciocchezze: nelle pagine di cronaca, di politica interna ed estera, di economia, di cultura, di spettacoli eccetera.

Eppure molte persone continuano a dire «l'ha detto la televisione» oppure «era scritto sul giornale», quando vogliono dimostrare che stanno dicendo la verità.

È proprio a queste persone che è dedicato questo libro.

Affinché guardino la televisione e leggano i giornali, sempre, con grande spirito critico. Affinché imparino a non fidarsi mai di una sola fonte. E avvertano la necessità di costruirsi – attraverso il confronto tra più fonti, cioè tra più giornali – una propria verità: scopriranno, con sorpresa, che quasi mai corrisponde a quella scritta nell'unico giornale che abitualmente leggono.

I

Ma che storia è questa?

Pochi giornalisti sfuggono al grande fascino della Storia. Pochissimi resistono alla tentazione di dar forza alle loro argomentazioni paragonando i fatti di cui scrivono a quelli del passato; i protagonisti dell'attualità ai grandi personaggi storici.

E forse nessuno mai come Saddam Hussein ha fatto lavorare la fantasia di giornali e giornalisti di tutto il mondo. Per spiegarne ai lettori la vicenda umana e politica, il carattere, la complessa personalità, è stato paragonato al ladro di Baghdad – un personaggio della favolistica arabo-persiana –, al genio del male Adolf Hitler, al male in persona, Satana, il principe dei diavoli. Ma soprattutto al sultano Saladino, il grande condottiero arabo vissuto nel XII secolo.

Sulle orme di Plutarco, biografie parallele alla mano, Pierluigi Vercesi vuole dimostrare sulla «Stampa» di Torino che quest'ultimo paragone ha solide fondamenta storiche. «Come per Saladino» scrive Vercesi «per il dittatore iracheno la religione è sempre stata un buon acciarino per infiammare gli spiriti del suo popolo.»[1]

[1] «La Stampa», 14-1-1991

Questo primo paragone non regge o regge male. Perché, come ha scritto proprio sulla «Stampa» il giornalista Igor Man, uno dei massimi esperti italiani di cose mediorientali, il rais iracheno non è né religioso, né osservante. E il suo partito, il partito Baath, è un partito laico, fondato dal maestro politico di Saddam, Michel Aflak, di religione cristiana, non musulmana.

Saddam Hussein – che beve alcol come tutti gli iracheni, cosa assolutamente vietata dal Corano – si è scoperto religioso solo dopo l'invasione del Kuwait. Ma è stato il fiorentino Niccolò Machiavelli, non il meccano Maometto, a suggerirgli di chiamare le masse arabe alla guerra santa contro gli infedeli occidentali.

«Saladino, come Saddam» si legge poi nell'articolo della «Stampa» «era un avventuriero di oscura origine.»

Il feroce Saladino si rivolterà nella tomba. Eh sì, perché il grande sultano, Salah ad-Din che in arabo significa «verità della fede», non era né un avventuriero, né di oscure origini. Il padre, Najm ad-Din, era il Signore comandante militare di un grande castello sulle rive del fiume Tigri, la rocca di Ayyub. Tant'è che Ayyubbiti si chiamarono i discendenti del Saladino.

«Saddam Hussein» si legge ancora sulla «Stampa», «sogna l'altura di Hattin, e le armate cristiane lanciate da Ugo da Lusignano contro gli accampamenti di Saladino. Quando il mondo arabo ottenne la più grande vittoria contro l'Occidente.»

Qui è la storia, la storia delle Crociate ad essere maltrattata, molto maltrattata. Perché? Perché nessun Ugo da Lusignano ha mai combattuto contro Saladino né ha mai partecipato a nessuna crociata; perché non esiste una battaglia di Hattin; perché nella battaglia alla quale si riferisce l'articolista, i cristiani non si lanciarono contro gli accampamenti saraceni: avvenne esattamente il contrario.

E vediamo allora, libri di storia alla mano, come si svolsero realmente i fatti. La battaglia si combatté il 4 luglio 1187 a pochi chilometri da Tiberiade, nei pressi di un cratere vulcanico preistorico conosciuto come i corni di Hittin (e non Hattin), dove erano accampate le armate cristiane comandate da Guido – e non Ugo – di Lusignano. Guido era stato da poco incoronato re di Gerusalemme, perché aveva sposato Sibilla di Jaffa, erede al trono della Città Santa. Le armate saracene avevano espugnato la città di Tiberiade e avevano messo le tende in pianura, in riva al lago (e non quindi nell'altura di Hittin come scrive invece «La Stampa»). Dopo scontri furibondi, con perdite gravissime in tutti e due gli eserciti, (tanto che il sultano, in un primo momento, aveva anche temuto di essere sconfitto), il Saladino capì di aver colto la vittoria proprio nel momento in cui cadde la tenda di Guido di Lusignano, nell'accampamento crociato. Tre mesi dopo il grande condottiero arabo conquistò Gerusalemme.

Dice un antico proverbio arabo: «Non illuderti di costruire la tua fama imitando le gesta dei grandi della terra. Solo Allah è grande». (E Maometto è il suo profeta).

I Rossi dell'India

Rajiv Gandhi, ex primo ministro indiano e presidente del Partito del congresso muore, vittima di un attentato. «Ucciso in India il terzo Gandhi / Rajiv assassinato dopo la madre Indira nell'84 e il Mahatma nel '48», è il titolo a tutta pagina del «Corriere della Sera».[2]

2 «Corriere della Sera», 22-5-1991

Anche « il Giornale » di Montanelli non ha dubbi: « La maledizione di Gandhi » scrive l'inviato Renato Pera « si è abbattuta su Rajiv, figlio di Indira e nipote del Mahatma ».[3]

Che confusione! Rajiv non era il nipote di Mohandas Karamchand Gandhi, detto « il Mahatma » (che significa « grande anima »). La madre, Indira, era figlia di Pandit Jawaharlal Nehru, non di Gandhi. Solo per caso, per una delle tante curiose coincidenze della Storia, Indira sposò un certo Feroze Gandhi, il quale non aveva nessun rapporto di parentela col celeberrimo Mahatma: soltanto il cognome in comune, un cognome diffuso in India quasi come Rossi in Italia.

Ma come tutti sanno, non basta avere lo stesso cognome per far parte della stessa famiglia.

Se così non fosse, quando Aldo Moro fu ucciso, il « Corriere » e « il Giornale » avrebbero potuto scrivere: « La maledizione dei Moro ha colpito ancora. Dopo la decapitazione di Tommaso Moro per mano del carnefice di Enrico VIII e il suicidio di Otello, il Moro di Venezia, un loro pronipote, Aldo, è stato barbaramente assassinato dalle Brigate rosse ».

Francesco va a messa

Al Congresso socialista di Bari, Bettino Craxi delude molti commentatori che avevano previsto un mutamento radicale della sua tradizionale politica: aprirà la crisi di governo, denuncerà l'alleanza con la Dc – avevano scritto – e stringerà un patto di ferro con il Partito Democratico della Sinistra.

[3] « il Giornale », 22-5-1991

Come mai nessuna di queste profezie si è avverata?

Arturo Diaconale, commentatore politico del «Giornale» di Montanelli, non ha dubbi. Craxi ha rinunciato a dar battaglia perché solo mostrandosi dimesso può sperare «di ritornare alla guida del governo: per Francesco I Parigi valeva una messa. Per Craxi, Palazzo Chigi vale il bagno d'umiltà fatto a Bari».[4]

Frasi celebri del re di Francia Francesco I (1494-1547) ce ne sono state tramandate tantissime. Celeberrima quella pronunciata alla battaglia di Pavia subito dopo la sconfitta e la cattura da parte di Carlo V: «Tutto è perduto, fuorché l'onore».

Ma «Parigi val bene una messa» non è sua. È di un altro re di Francia, Enrico IV (1553-1610). Il quale la pronunciò quando capì che solo un cattolico poteva salire al trono di una nazione cattolica qual era la Francia. Per cui rinunciò alla sua religione, l'ugonotta, e si convertì al cattolicesimo.

Diaconale – che si intende di politica, ma si impiccia di biografie – forse non sa di avere fatto un torto proprio a un re il quale esigeva dai suoi collaboratori che non mettessero il naso in affari che non li riguardavano. «Ad ognuno il suo mestiere», tagliava corto Enrico IV quando un suo generale gli parlava di finanze. O quando il suo ministro delle Finanze gli dava consigli di strategia militare.

Un giorno il suo sarto, un certo Gerard, mentre gli provava un abito, gli disse che aveva ideato una legge per lo sviluppo delle manifatture tessili. Enrico chiamò il suo cameriere personale e gli ordinò: «Vammi a chiamare il

[4] «il Giornale», 28-6-1991

ministro Sully: ho bisogno che mi faccia un abito. Il mio sarto ormai si è messo a far le leggi».

La Pax Scalfariana

Fra i grandi giornalisti sedotti dalla Storia c'è certamente il direttore di «Repubblica» Eugenio Scalfari.

Il grande vincitore della guerra del Golfo, George Bush, gli ricorda il primo imperatore romano Caio Giulio Cesare Ottaviano Augusto. «Superbush lo chiamano oggi la gente e i media» scrive Scalfari «e Pax Americana quella che dovrebbe scaturire dal lavoro delle cancellerie diplomatiche. Superbush è una specie di Augusto dopo la vittoria germanica. Un uomo che ha in mano i destini del mondo, traccia i confini, impone il diritto, accetta le costumanze delle varie etnie dell'impero a patto che le etnie accettino la legge di Roma.»[5]

Padronissimo Scalfari di paragonare Bush con chi gli pare. Ma col riferimento storico non ci siamo proprio. La Pax romana, la Pax di Augusto, non cominciò dopo la vittoria germanica. Cominciò molto, ma molto prima. La Pax romana ebbe inizio quando Augusto chiuse, nell'Urbe, il tempio di Giano bifronte: correva l'anno 29 a.C. In quell'anno la chiusura del tempio simboleggiò soprattutto la fine di un'epoca, il lungo periodo delle guerre civili che avevano funestato Roma per decenni: l'ultima l'aveva vinta proprio Augusto due anni prima (31 a.C.) contro Antonio e Cleopatra nei pressi di Azio, un porto greco bagnato dallo Jonio.

Ma c'è di più: per Pax romana si è sempre intesa la pace

[5] «la Repubblica», 1-3-1991

dentro i confini dell'impero. Nel senso che se le legioni romane erano costrette ad arginare minacce di invasioni barbariche o a sedare rivolte ai confini dell'impero, la Pax non si interrompeva. Ora, si dà il caso che la Germania fosse proprio ai confini dell'impero: dunque le guerre germaniche citate da Scalfari non ebbero – e non avrebbero potuto avere – alcuna influenza sulla Pax romana.

Comunque sia, quando Augusto impose la sua pace, non aveva combattuto neanche una scaramuccia contro i germani. Le prime spedizioni in Germania le fecero i suoi generali (Druso e Tiberio) a partire dal 15 a.C. Quindi ben quattordici anni dopo il periodo a cui si riferisce Scalfari.

Tuttavia, la vera guerra contro i germani, la Roma di Augusto la combatté molti anni dopo (esattamente 44 anni dopo la chiusura del tempio di Giano): nell'anno 9 dell'era volgare. Quando tre legioni romane, al comando di Quintilio Varo, furono distrutte dai germani in un'imboscata nella selva di Teutoburgo. Fu un terribile massacro (altro che vittorie!): Augusto fu visto errare, disperato, nelle stanze del suo palazzo, gridando: «Varo, rendimi le mie legioni».

A questo punto sorge spontanea una domanda: in quale libercolo avrà studiato Scalfari la storia di Augusto? Perché in quale libercolo? Perché Scalfari invece scrive: «Come disse Cesare a Varo: che ne hai fatto, o Varo, delle mie legioni?».[6]

Ebbene: A) nessuno poteva dire alcunché a Varo, per il semplice fatto ch'egli, per la vergogna di aver trascinato

[6] «la Repubblica», 1-4-1990

i suoi legionari al massacro, si era suicidato nella foresta di Teutoburgo; B) solo l'indottrinamento con un libello anti-augusteo può farci comprendere come mai Scalfari si rifiuti di dare ad Augusto quel che è di Augusto. Mentre dà a Cesare quel che *non* è di Cesare.

Un altro paragone storico in cui Scalfari si cimenta riguarda lo strapotere dei partiti italiani, ognuno dei quali – scrive – si è impadronito di una quota di bene pubblico: «uno spicchio di territorio, una fetta delle pubbliche risorse, della pubblica amministrazione, della economia pubblica e delle istituzioni preposte». Aggiunge il direttore di «Repubblica»: «*Cuius regio eius religio*, la regola che imperò nella Germania feudale è diventata la norma della Repubblica italiana».[7]

Qui non regge nemmeno il paragone. Perché la regola alla quale si riferisce Scalfari con la sua dotta citazione non ha niente a che vedere con la Germania feudale.

Per la semplice ragione che essa venne adottata a metà del XVI secolo dall'imperatore Carlo V non per regolare questioni feudali, ma annosi conflitti religiosi.

La regola si impose con la pace di Augusta (oggi Augsburg), che, guarda caso, è una antichissima città tedesca intitolata proprio all'imperatore Augusto.

Ma che significa *Cuius regio eius religio*? Dunque: siamo in piena riforma protestante, le tesi di Martin Lutero hanno avuto grande successo e molti principi tedeschi hanno abbracciato la nuova fede. A questi principi il cattolicissimo imperatore Carlo V, istigato dai papi di Roma, ha fatto la guerra per circa un ventennio. Ma è stanco, e progetta di ritirarsi in un convento. Così, nel 1555, ad Augusta,

[7] «la Repubblica», 31-12-1990

l'imperatore sottoscrive la pace con i principi luterani tedeschi, ai quali concede gli stessi diritti dei principi cattolici. Obbliga cioè i sudditi dei principi protestanti a professare la stessa religione di questi ultimi (così come i sudditi dei principi cattolici erano obbligati a professare la fede cattolica).

In altre parole: se un suddito di un principe luterano non voleva rinunciare alla fede cattolica, poteva farlo solo se lasciava la terra in cui viveva. E si vedeva così costretto a trasferirsi in un altro principato in cui regnava un principe cattolico (così come il suddito protestante del principe cattolico o si convertiva o era costretto a trasferirsi in un principato protestante).

Questo significa *Cuius regio eius religio*, non altro. Nessuna analogia, dunque, con la spartizione dei beni pubblici fra i partiti.

Chissà perché Scalfari ce l'ha tanto con Augusto da bistrattare persino le città a lui intestate. Forse perché liquidò *la Repubblica*. O forse perché sa che tanto, Augusto, non se la prende. Si racconta che subito dopo la vittoria su Antonio, un ammaestratore gli avesse venduto una gazza alla quale aveva insegnato a dire « ave Augusto vincitore ». Ma mentre usciva dalla bottega, Augusto vide un'altra bella gazza. Non appena le si avvicinò questa gli disse « ave Antonio vincitore ». Augusto si fece una gran risata e comprò, pagandola profumatamente, anche la seconda gazza.

Augusto sapeva bene come trattare gazze e gazzettieri.

Viva l'Inquisizione

Per raccontare la Storia ai suoi lettori il quotidiano cattolico l'« Avvenire » si avvale della penna di Vittorio Messori, il giornalista-scrittore diventato celebre perché ha osato parlar male di Garibaldi. Anzi di Garibaldi, di Mazzini e di Vittorio Emanuele II. Da lui paragonati ai criminali nazisti, degni dunque di essere processati da una specie di «Tribunale di Norimberga» del Risorgimento.

Nella sua rubrica *Vivaio* Messori assesta bacchettate sulle dita nientepopodimenoché al Consiglio pontificio «De iustitia et pace», il quale ha avuto l'ardire di riconoscere – con cinque secoli di ritardo – che la colonizzazione-evangelizzazione spagnola dell'America Latina è sospetta «di razzismo, genocidio, schiavismo, distruzione delle culture precolombiane». Per Messori sono tutte falsità, leggende «inventate nel Seicento dalla propaganda delle potenze protestanti in lotta con la Spagna: Inghilterra e Olanda in primis».[8]

Evidentemente Messori ignora che «gli scempi e i massacri di genti inoffensive, lo spopolamento dei villaggi, delle province e dei regni dove quei crimini sono stati perpetrati e altri fatti ancora non meno spaventevoli» furono descritti per la prima volta nella *Brevissima relazione sulla distruzione delle Indie*. Scritta da Bartolomé de Las Casas, un missionario domenicano spagnolo (era nato a Siviglia) che ne fu testimone diretto. E pubblicata nel 1552.

Come si vede: 1) al Seicento manca quasi mezzo secolo; 2) i protestanti non c'entrano per niente, a meno che lo storico dell'«Avvenire» non voglia far passare per protestante e nemico della Spagna un seguace spagnolo dell'ordine domenicano, un ordine che nelle lotte controriformistiche si fece valere come il campione dell'ortodossia.

Messori scrive poi che l'Inquisizione – il tribunale spe-

[8] «Avvenire», 25-2-1990

ciale istituito dalla Chiesa tra la fine del XII e l'inizio del XIII secolo per la repressione dell'eresia – non fu una istituzione fanatica, intollerante, feroce, iniqua, simbolo dell'Oscurantismo, che mandò a morte, con sistemi crudelissimi, migliaia e migliaia di persone innocenti, o tutt'al più colpevoli solo di professare un credo diverso da quello imposto dalla Chiesa. Ma un tribunale che «prendendosi tutto il tempo necessario, e seguendo tutte le indagini possibili, applicando un diritto processuale dal cui rigore e dalla cui equità dovremmo prendere esempio, celebrava i processi».[9]

Il Messori, dunque, vorrebbe che prendessimo ad esempio una giustizia e un diritto processuale che assumevano come prova regina la confessione. E prevedevano la tortura per estorcerla all'imputato.

Come funzionasse questo genere di giustizia «esemplare», fondata sulla tortura e sulla confessione, ce l'ha mirabilmente raccontato Alessandro Manzoni nella *Storia della colonna infame*. Due imputati – naturalmente innocenti – Giangiacomo Mora, barbiere, e Guglielmo Piazza, commissario di sanità, rei confessi dopo terribili torture di aver propagato la peste nella Milano del 1630, furono «tanagliati con ferro rovente; tagliata loro la mano destra; spezzate l'ossa con la rota; e in quella intrecciati vivi e alzati da terra; dopo sei ore scannati; bruciati i cadaveri, e le ceneri buttate nel fiume; demolita la casa del Mora; sullo spazio di quella eretta una colonna che si chiamasse infame».

Una colonna edificata dai magistrati perché restasse memoria dell'infamia degli «untori».

[9] «Avvenire», 22-8-1990

Tuttavia, grazie al Manzoni e al suo «piccolo grande libro» (la definizione è di Leonardo Sciascia, che lo amava moltissimo), la cultura italiana ha assunto la «Colonna Infame» come simbolo dell'ingiustizia generata dall'Inquisizione.

Un monumento che testimonia l'infamia, non dell'imputato, ma dei giudici. L'infamia, non del reo confesso, ma dei torturatori. L'infamia, non del condannato, ma dei carnefici.

Alcide Tambroni

Neanche la Storia più recente ha miglior sorte quando a raccontarla sono i giornalisti. Vediamo ad esempio come il «Corriere della Sera» descrive ai lettori più giovani – che a quei tempi non erano nati o non erano nemmeno nella mente di Dio – il passaggio dal centrismo al centrosinistra. Una storia di trenta-quarant'anni fa.

«La legge-truffa tentata dalla Dc di Tambroni», esordisce un articolo non firmato in seconda pagina.[10]

Ed esordisce davvero male, perché a subire un'autentica truffa – oltre al giovane lettore – è la buonanima di Ferdinando Tambroni. Perché? Perché la Dc che tentò la riforma elettorale insieme ai suoi alleati nei governi centristi – i socialdemocratici, i liberali e i repubblicani – era la Dc di Alcide De Gasperi, non di Ferdinando Tambroni. Il quale oltre tutto non fu mai un leader della Democrazia cristiana. Quando nel 1953 la Dc propose la riforma elettorale – definita legge-truffa dai partiti di sinistra guidati da Nenni e Togliatti (che vi si opposero con tutte le loro

[10] «Corriere della Sera», 4-1-1991

forze) – Tambroni non era che un modesto sottosegretario della Marina mercantile.

Tambroni diventò presidente del Consiglio ben sette anni dopo (1960), di un governo appoggiato dai neofascisti del Movimento sociale. Per questo contro Tambroni si scatenò la piazza, e il governo, dopo pochi mesi, fu costretto alle dimissioni.

« La Dc capì allora » scrive sempre il « Corriere della Sera » « che era giunto il momento di pensare a nuove aperture, cioè al centrosinistra, alla cui preparazione cominciarono a lavorare Amintore Fanfani, che nel 1964 ritroviamo insediato alla segreteria della Dc, e Aldo Moro, che fu presidente del Consiglio del primo governo con i socialisti. »

Qui le vittime della « truffa » (storiografica, naturalmente) dell'anonimo articolista del « Corriere » sono tante. Innanzitutto Fanfani e il suo « cursus honorum ».

Segretario della Dc dal 1954, fu Fanfani il primo e l'unico (nessun altro leader democristiano lo assecondò in quel periodo) a proporre – ma nel 1957, cioè ben tre anni prima del governo Tambroni – una alleanza di governo con i socialisti.

E fu proprio a causa di questo progetto politico, al quale si opponevano i moderati del suo partito, i cosiddetti dorotei, che Fanfani, nel 1959, fu costretto a lasciare la segreteria della Democrazia cristiana. Segreteria in cui si reinsedierà non nel 1964, come scrive il « Corriere », ma addirittura dieci anni dopo, nel 1974, per guidare la crociata contro il divorzio. Segretari della Dc nel 1964 furono prima Aldo Moro e poi Mariano Rumor.

Ma non è finita: il primo governo di centrosinistra lo costituì, nel febbraio del 1962, proprio Fanfani e non Moro (come sostiene invece il «Corriere»). Moro fece il suo primo governo con i socialisti, non nel 1964, ma nel dicembre del 1963.

Quando poi nel luglio del 1964 Moro formò il suo secondo governo con i socialisti, Fanfani cercò di mettergli i bastoni fra le ruote. È Pietro Nenni a rivelarcelo nel suo Diario del 27 giugno 1964: «Moro, con il quale ho parlato a lungo, vede la maggiore insidia in Fanfani, più irrequieto che mai».

Fanfani, proprio in quella unica occasione – erroneamente citata dal quotidiano di via Solferino – era contro e non a favore di un governo di centrosinistra, perché lo voleva fare lui. Così, tanto per cambiare...

Dio guardi!

Grandi festeggiamenti per il centocinquantesimo anniversario della Napoli-Portici, la prima linea ferroviaria costruita in Italia. «Fu voluta da Ferdinando III di Borbone», è il titolo della «Stampa». «Ferdinando terzo soprannominato Re Bomba», ricorda «Il Tempo» di Roma. «Il progettista scelto da Ferdinando terzo era l'ingegnere francese Bayard», aggiunge «Il Mattino» di Napoli. Anche altri giornali («Il Giorno», «Paese Sera», «La Gazzetta del Mezzogiorno») dedicano articoli, fotografie, commenti a questo piccolo grande primato di un monarca della dinastia Borbone-Napoli, terzo – scrivono – fra quelli saliti al trono con il nome di Ferdinando.

Peccato che Ferdinando III di Borbone-Napoli è come Luigi XIX di Borbone re di Francia, Giorgio VII di Hannover re di Gran Bretagna o Umberto III di Savoia re d'Italia. Non sono stati mai incoronati. Anzi, non sono mai esistiti.

Ma come è possibile che tanti giornali, tutti assieme, facciano lo stesso errore? Tutti riprendono da un'agenzia di stampa, l'Ansa,[11] la notizia che contiene l'errore. L'unico giornale a non caderci è il «Corriere della Sera»: a inaugurare la ferrovia Napoli-Portici, fu il 3 ottobre 1839, Ferdinando *II* – corregge il quotidiano di via Solferino – di Borbone, re delle Due Sicilie.

Dio guardi!

In tubis venenum

Nella rubrica *Prima pagina* dell'«Europeo», Giuliano Zincone scrive di «una recente ipotesi fantastorica, fantapolitica e fantascientifica secondo cui il tramonto dell'Impero Romano fu determinato dai tubi di piombo che i nostri antenati usavano per le condutture dell'acqua potabile e del riscaldamento domestico: i vapori di quel duttile metallo, inalati o ingeriti dalle coppe, seminarono nella classe dirigente dell'Urbe una malattia chiamata saturnismo, fonte di coliche renali e di comportamenti politici stravaganti. Con le conseguenze e le decadenze a tutti note». E, considerando i comportamenti stravaganti di taluni uomini politici italiani dei nostri giorni, Zincone si domanda se «quei tubi di piombo siano stati sostituiti nei vecchi palazzi di Roma (al Quirinale come alle Botteghe Oscure) o continuino a esalare i loro pigri veleni».[12]

Senonché il paragone, o meglio l'invenzione retorica di Zincone, anche se brillante, non sta in piedi. La recente ipotesi sul tramonto dell'impero romano alla quale egli si

[11] Ansa, 1-10-1989
[12] «Europeo», 7-12-1990

riferisce non può che essere quella formulata nel 1983 dall'americana Sarah Bisel, archeologa e antropologa dell'università di Rochester (Minnesota).

Secondo questa teoria, gli antichi romani si ammalarono di saturnismo non perché bevevano l'acqua inquinata dal piombo delle tubature, ma perché usavano miscelare il vino con uno speciale sciroppo, che ne rafforzava il profumo e il colore e aiutava a conservarlo più a lungo. Ebbene, questo sciroppo veniva preparato in apposite grandi pentole di piombo, da cui assorbiva considerevoli quantità di particelle di metallo, trasformandosi così in una bevanda velenosa.

« Secondo i miei calcoli » ha scritto la Bisel sul *New England Journal of Medicine* nel giugno del 1983, quando annunciò la sua scoperta « i romani, formidabili bevitori, consumavano da uno a cinque litri di vino al giorno procapite. E bisogna pensare che un solo cucchiaino di sciroppo inquinato dal piombo era sufficiente per provocare un avvelenamento cronico. »

Poveri romani! Altro che « in vino veritas »: « in vino venenum » (e non, dunque, « in tubis venenum »).

Da Versailles a Vienna

« L'Espresso » affida al capo della redazione cultura, Ferdinando Adornato, il compito di presentare ai suoi lettori *Storia prima felice, poi dolentissima e funesta*, un romanzo di Pietro Citati, che si svolge fra il 1830 e il 1848. Cioè « mentre tutta l'Europa » scrive Adornato « si agita per dimenticare Napoleone e superare Versailles ».[13]

[13] « L'Espresso », 15-10-1989

Superare Versailles? Nel periodo 1830-48 non c'è traccia, nei libri di storia, di grandi fatti accaduti a Versailles. Certamente non tali da far agitare l'Europa «per superarli». Fra l'altro Napoleone – che non amava Versailles, la reggia costruita dal re Sole vicino Parigi – dimorò alla Malmaison, poi alle Tuileries e, da ultimo, all'Eliseo. Quindi l'avvenimento che l'Europa voleva «superare» era Vienna, cioè i Congressi di Vienna (1814-15) che diedero un nuovo assetto politico al continente dopo la sconfitta della Francia napoleonica. Congressi che Adornato confonde con il trattato che sancì la fine della prima guerra mondiale (1919) e che fu firmato, appunto, a Versailles.

Poco male. In fondo, la differenza fra i due avvenimenti e le due città non è tanta: più di un secolo e 1300 chilometri circa.

Tutta colpa di Popov

Vittorio Orefice, giornalista famoso tanto per le sue cronache politiche televisive, quanto per i suoi sfavillanti papillon, si arrabbia. Hanno transennato piazza Montecitorio e lui, come gli altri giornalisti motorizzati accreditati alla Camera dei Deputati, per accedervi è costretto a difficili, faticose gimcane. Orefice se ne lamenta in un articolo, sul «Messaggero» di Roma, in cui sostiene che l'improvvida decisione di transennare la piazza è stata presa per tamponare in qualche modo il sovraffollamento del Palazzo.

«La politica» scrive Orefice nel suo articolo dal titolo «La sindrome di Popov investe Montecitorio» «esce di senno per la sindrome di Popov. Tanti topolini in pochi metri quadrati si mangiano a vicenda: così è la sorte dei ragni in una bottiglia e degli inquilini di Montecitorio; una massa di deputati, di assistenti, funzionari, commessi e di bistrattati giornalisti. Montecitorio è stretto alla sinistra da Palazzo Chigi, sul davanti dall'obelisco e alle spalle dalle costruzioni di Pio IX».[14]

Orefice fa un bel po' di confusione. Popov con i topolini e con i ragni non ebbe niente a che fare (se non con quelli, forse, che rosicchiavano libri e tessevano tele nella sua cantina). Aleksandr Stepanovič Popov, fisico russo, è passato alla storia come uno dei precursori della radiotelegrafia. Chi si occupò invece del comportamento degli animali, scoprendone i cosiddetti riflessi condizionati, fu il fisiologo premio Nobel Ivan Petrovič Pavlov, pure lui russo. (In realtà, gli esperimenti sulle reazioni dei topi obbligati a convivere in spazi sempre più ristretti furono fatti da altri fisiologi. Famosi quelli di Henry Laborit, ai quali si ispirò il regista Alain Resnais nel suo film *Mon oncle d'Amérique*.)

Quanto alle «costruzioni di Pio IX», anche qui non ci siamo. Alle spalle di Montecitorio ci sono tre edifici. Al centro un palazzo costruito da Marcello Piacentini, il famoso architetto del ventennio fascista, per la sede di Roma della Banca d'Italia (oggi è la filiale romana del Banco di Santo Spirito). Alla sua destra un edificio con uffici e abitazioni, fabbricato nel 1889. E alla sua sinistra un palazzo costruito agli inizi di questo secolo per la filiale romana di un'altra banca, il Banco di Napoli.

Come si vede neanche l'ombra di «costruzioni di Pio IX» al secolo Giovanni Maria Mastai Ferretti, che fu eletto papa nel 1846 e morì dopo 32 anni di pontificato (un

[14] «Il Messaggero», 12-2-1990

vero record) nel 1878. Quindi il papa che vide innalzare qualche costruzione dietro Montecitorio fu semmai Leone XIII, che morì nel 1903.

E non è finita. Orefice fa anche un po' di storia del palazzo che il povero-giornalista-parlamentare-fa-fatica-a-raggiungere. E scrive che «dopo la breccia di Porta Pia, Vittorio Emanuele III, il governo e il presidente della Camera Biancheri decisero di ospitare i deputati nell'edificio dei soppressi tribunali papalini».

Ebbene Vittorio Emanuele III, il «Re Sciaboletta», complice di Mussolini nell'avvento del fascismo e nella tragedia dell'ultima guerra, aveva appena un anno quel 20 settembre del 1870. E quindi non era in grado di decidere alcunché. A volere il trasferimento del Parlamento da Firenze a Roma fu suo nonno, Vittorio Emanuele II, il «Re Galantuomo» padre della patria e artefice dell'unità d'Italia.

Dunque, Orefice confonde un fisico con un fisiologo; un papa Pio con un papa Leone; un piccolo re con un Padre della Patria.

Bush e sant'Ambrogio

Pure agli ottimi scrittori capita di farsi contagiare dall'approssimazione quando scrivono di storia sui giornali.

Evidentemente il virus deve essere così micidiale che né l'erudizione né l'arte del romanzo riescono a immunizzarli.

Luigi Malerba, da buon pacifista, è convinto che George Bush abbia preso troppo a cuor leggero la decisione di fare la guerra a Saddam Hussein.

Approfittando allora di una citazione di due padri della chiesa, sant'Ambrogio e sant'Agostino, fatta proprio dal presidente degli Stati Uniti in un suo discorso, Malerba gli ricorda (in un articolo sulla «Repubblica») un edificante episodio della vita di sant'Ambrogio.

Il quale – scrive l'autore de *Il Protagonista* e de *Il diario di un sognatore* – «si distingue fra l'altro per avere costretto a fare pubblica penitenza l'Imperatore Teodosio il Grande perché aveva deciso con troppa leggerezza una guerra cruenta».[15]

Una guerra cruenta? No, non ci siamo. Non fu per aver dichiarato una «guerra cruenta» che dovette pentirsi Teodosio al fine di ottenere il perdono della Chiesa, incarnata dall'allora arcivescovo di Milano, sant'Ambrogio. Fu per una strage. La strage di Tessalonica (che ci è stata raccontata in alcune vivacissime orazioni dal retore Libiano e dal suo allievo, san Giovanni Crisostomo).

La strage (390 d.C.) fu ordinata dall'imperatore per punire la plebaglia che aveva barbaramente assassinato il comandante, Boterico, e numerosi altri ufficiali della guarnigione romana di stanza nella più grande metropoli dell'Illiria. Tessalonica, appunto.

La sedizione contro Boterico era scoppiata quando questi aveva messo in galera un bravissimo auriga del circo di Tessalonica, macchiatosi di un grave reato punito dalla legge di Roma: il rapimento di un ragazzo che aveva acceso i suoi turpi appetiti sessuali.

A quei tempi le corse dei cavalli eccitavano le folle quanto – se non di più – le partite di calcio ai nostri giorni. Così i numerosissimi tifosi del Maradona illirico del IV secolo dell'era volgare – insensibili alle ragioni del diritto e alla pietà verso il piccolo rapito – quando Boterico si rifiutò di liberare l'auriga, attaccarono la guarnigione e la

[15] «la Repubblica», 5-2-1991

massacrarono. I corpi del comandante e dei suoi ufficiali furono straziati e trascinati per le vie della città con inaudita crudeltà.

Non meno crudele e terribile fu la vendetta di Teodosio. Il popolo di Tessalonica fu invitato ai giochi del circo, le cui porte vennero chiuse quando gli spalti furono ricolmi di spettatori. Allora i soldati – i veterani di Boterico – assetati di vendetta, si scatenarono. Il bagno di sangue durò tre ore: morirono dai 7 ai 15.000 tessalonicesi.

Quando la notizia della strage giunse a Milano, sant'Ambrogio – ch'era il padre spirituale dell'imperatore – pretese che Teodosio se ne pentisse pubblicamente, minacciandolo di scomunica. L'imperatore si piegò alle condizioni imposte dall'inflessibile arcivescovo: nella basilica di Milano, spogliatosi delle insegne imperiali, egli chiese umilmente, «con sospiri e con lacrime», il perdono dei suoi peccati.

Dunque la pubblica penitenza dell'imperatore romano – giustamente ricordata come uno degli eventi più memorabili della storia della Chiesa – non può essere messa in relazione con il comportamento del presidente degli Stati Uniti, come invece ha fatto Malerba. Innanzitutto perché i tessalonicesi erano cittadini romani a tutti gli effetti: e certo non si può rimproverare George Bush di aver ordinato l'uccisione di americani, o anche di occidentali. E poi perché sant'Ambrogio le guerre di Teodosio contro i barbari, per difendere l'impero, le giudicava sacrosante. Le benedisse tutte.

Avrebbe benedetto – credo – anche quella dell'«Augusto» Bush contro il barbaro Saddam.

I rossori di Montanelli

Indro Montanelli – certamente il più grande dei giornalisti italiani viventi – è anche un ottimo scrittore di storia. Per divulgarla, per renderla accessibile, gradevole alla gente comune, hanno fatto di più i suoi numerosi libri – dalla *Storia dei greci* all'*Italia degli anni di piombo*, venduti a centinaia di migliaia di copie – che non tutti quelli scritti dai nostri storiografi di professione messi insieme.

Tuttavia il virus dell'approssimazione non risparmia neppure lui. Della «spia del secolo» Richard Sorge passata alla storia perché avvertì Stalin (che non gli credette) dell'imminente attacco di Hitler all'Unione Sovietica, Montanelli scrive, sul suo «Giornale», che era «consigliere dell'ambasciata tedesca a Tokio»; che «fu fucilato alla fine della seconda guerra mondiale»; e che, insieme a lui, fu fucilata «la sua compagna, la giapponese Hanoko».[16]

Ebbene: 1) Sorge non era consigliere dell'ambasciata, ma corrispondente, da Tokio, del quotidiano tedesco «Frankfurter Zeitung»; 2) non fu fucilato ma impiccato; 3) Hanoko non fu impiccata assieme a lui. Fermata dalla polizia nipponica, fu quasi subito rilasciata: non subì, quindi, né processi né condanne.

Ma sarebbe ingiusto tacere che Indro Montanelli è il direttore di giornale che peggio sopporta il pressappochismo, la sciatteria, l'imprecisione dei suoi redattori. E quando sul «Giornale» un redattore sbaglia, pubblica subito le lettere – sono attentissimi e inesorabili i lettori del «Giornale» – che segnalano lo strafalcione. Seguite da un suo

[16] «il Giornale», 16-11-1990

commento, spesso feroce, per sferzare il malcapitato. E se nessuno segnala l'errore, la lettera Montanelli se la scrive lui, nascondendosi dietro il nome, fittizio, di un lettore.

Fra le vittime di questa crudele, ma spesso salutare corrispondenza, spicca il critico musicale del quotidiano, Pietro Buscaroli. Il quale, in un articolo dedicato ai grandi musicisti tedeschi, include anche Franz Liszt. «Liszt tedesco?» scrive il lettore Piero Sollimani di Milano (dietro il quale, questa volta, pare non si sia nascosto Montanelli) «Liszt, come tutti sanno, era ungherese. Ungherese al cento per cento, e tutta la sua produzione lo dimostra.»[17]

«Pubblico la sua lettera» gli risponde Montanelli «perché arrossisca l'autore dell'articolo e coloro che, passandolo, non hanno rilevato l'inesattezza.»

Ma questa volta le cose al direttore del «Giornale» non vanno per il verso giusto. Buscaroli non si sente investito da alcuna ondata di rossore. Anzi. Scrive una lettera a Montanelli in cui è lui a pregarlo, innanzitutto, «di non arrossire troppo».

Dopo di che dimostra: «1) che il padre di Franz Liszt, Adam, si chiamava List (la zeta fu aggiunta dopo), nome tedesco al cento per cento; 2) che in casa Liszt si parlava tedesco e nessuno sapeva una parola di magiaro, nemmeno Franz, che scrisse in tedesco e parlò tedesco, francese e soprattutto il dialetto berlinese; 3) che di Franz Liszt neanche la produzione può definirsi ungherese. La fisionomia del grande compositore è invece essenzialmente francese».[18]

Cilindro (così, quando parlano di lui, i suoi redattori chia-

[17] «il Giornale», 10-10-1989
[18] «il Giornale», 11-10-1989

mano affettuosamente Montanelli) è costretto a pubblicare la lettera di Buscaroli senza commento.

Non si sa se senza rossori.

L'incendio di un bustina di Minerva

Alla bibliofilia e al suo contrario, la biblioclastia, Umberto Eco dedica una *Bustina di Minerva*, la rubrica che tiene sull'«Espresso». «Il biblioclasta» scrive Eco «non odia i libri come oggetto, ne teme il contenuto e non vuole che altri li legga. Oltre che un criminale è anche un folle, per il fanatismo che lo anima, ma la storia registra solo casi eccezionali di biblioclastia, come l'incendio di Alessandria o i roghi dei nazisti.»[19]

Dispiace contraddire anche Eco – un ottimo scrittore, un erudito e un bibliofilo –, ma l'incendio della biblioteca d'Alessandria non fu provocato da alcun biblioclasta.

La responsabilità di quell'incendio è sempre stata attribuita a Caio Giulio Cesare. Il quale, insieme a Cleopatra, fu assediato – siamo nel 47 prima di Cristo – dal generale di Tolomeo XIII, Achilla, nella reggia alessandrina. Per impedire che Achilla si impadronisse delle navi ormeggiate nel porto, Cesare le fece incendiare. Il fuoco si propagò nel vicino museo dov'era la biblioteca, e la distrusse. Si trattò, evidentemente, di un incidente: il grandissimo condottiero romano era anche un grande scrittore (il suo modello di prosa limpida e lineare è tutt'ora insuperato) e un appassionato bibliofilo, non certo un biblioclasta.

Questa descrizione dell'incendio della biblioteca d'Ales-

[19] «L'Espresso», 22-4-1990

sandria, tuttavia, non è universalmente accettata. Anche se nessun biografo di Cesare – da Carcopino a Horst, da Bailly a Brandes, a Judeich, fino al più recente Spinosa – la mette in dubbio: tutti hanno attinto da storici dell'antichità come Tito Livio (tramite Seneca), Dione Cassio, Plutarco e, più tardi, Orosio, Gellio e Ammiano Marcellino.

Non è universalmente riconosciuta perché dell'incendio della biblioteca, stranamente, misteriosamente, non parlano né lo stesso Cesare (o meglio il suo segretario Aulo Irzio) nel *Bellum Alexandrinum*, né Lucano nella sua *Pharsalia*, in cui è pur dettagliatamente descritto l'effetto disastroso del fuoco appiccato alle navi. E dire che Lucano, avversario di Cesare, avrebbe dovuto sfruttare l'avvenimento per accusarlo di essere l'incendiario della venerata, preziosissima, insostituibile biblioteca.

Insomma, siamo in presenza di un vero e proprio giallo dell'antichità. Un giallo così affascinante che Luciano Canfora ne ha ricavato un delizioso libro (*La biblioteca scomparsa*, Sellerio Editore) che si legge come un romanzo. Ma non è un romanzo, è un saggio storico documentatissimo, la cui tesi è che la grande biblioteca d'Alessandria non fu distrutta durante la guerra alessandrina, ma circa tre secoli più tardi, nel conflitto fra l'imperatore romano Aureliano e la regina dell'antica città di Palmira, Zenobia.

Comunque, anche in questo caso, a distruggerla non sarebbe stato alcun biblioclasta, ma la soldataglia in preda al saccheggio.

In verità, un caso di biblioclastia legato a una biblioteca alessandrina ci è stato tramandato. Due storici, il siro Abulfaragio (detto anche Barebreo) e l'arabo Ibn al-Qifti, raccontano che nel 641, dopo la conquista araba dell'Egitto, il califfo Omar ordinò di bruciare i libri della grande biblioteca perché, « se il loro contenuto si accorda con il Corano è più che sufficiente. Se invece sono in disaccordo con il libro di Allah, sono dannosi e vanno distrutti ».

Ma Edward Gibbon, nella sua *Storia sulla decadenza e caduta dell'impero romano*, contesta il racconto dei due storici vissuti tra la fine del XII e l'inizio del XIII secolo, quindi ben 500-600 anni dopo i fatti di cui narrano.

Si tratta di pura fantasia – è la convinzione del Gibbon – perché « la dura sentenza di Omar è contraria alla lettera e allo spirito dei precetti ortodossi dei teologi musulmani, i quali dichiarano espressamente che i testi religiosi di Ebrei e Cristiani, presi per diritto di guerra, non debbono mai essere gettati alle fiamme (per rispetto dovuto al nome di Dio) e che le opere della scienza profana, degli storici e dei poeti, dei medici e dei filosofi, possono essere legittimamente utilizzate a beneficio dei credenti ».

Comunque sia, anche ammettendo che le storie di Abulfaragio e Ibn al-Qifti siano veritiere, al rogo per ordine di Omar non finirono i famosi, preziosissimi rotoli papiracei della Biblioteca d'Alessandria collezionati dalla curiosità e magnificenza dei Tolomei. Per il semplice fatto che questi erano già stati distrutti qualche secolo prima o per colpa di Cesare o per colpa di Aureliano.

Il furore biblioclasta del califfo dovette accontentarsi di incenerire una raccolta minore (sia per contenuto, sia per pregio) di codici in pergamena: cioè l'enorme mole di scritti sulla controversia ariana e monofisita. « Se tutto questo andò effettivamente in cenere nei bagni pubblici » commenta il grande storico inglese « si dovrà ammettere, con un sorriso, che in fin dei conti, è stato un bene per l'umanità. »

Un'altra biblioteca fu distrutta ad Alessandria nel 391 dopo Cristo. Il patriarca Teofilo – che, d'accordo con l'imperatore Teodosio, conduceva una campagna per distruggere i templi delle divinità pagane – rase al suolo i templi di Mitra, Dioniso e Serapide. In quest'ultimo tempio c'era la biblioteca del Serapeo, detta anche « La Figlia » (« La Madre » è l'affettuoso soprannome dato alla grande biblioteca del museo). Dunque, anche in questo caso, la biblioclastia non c'entra. La distruzione di quella che oggi chiameremmo la « succursale » della grande biblioteca d'Alessandria fu la conseguenza del furore antipagano di Teofilo.

Ma se la fine della più grande biblioteca dell'antichità rimane avvolta nel mistero, non altrettanto può dirsi per « *la più grande Biblioteca della Cristianità* ». Nel 1327, non molto lontano da un'altra Alessandria (in una zona montuosa tra il Piemonte, la Liguria e la Francia: la località precisa non si è mai saputa), un biblioclasta la bruciò, assieme alla splendida abbazia benedettina che la ospitava. Il monaco benedettino Jorge da Burgos la incendiò perché non voleva che si leggesse un libro di Aristotele sul riso, un libro che « *insegnava agli uomini a ridere della verità* ».

Ma questa è un'altra storia... E ringraziamo ancora Umberto Eco per averci deliziato, raccontandocela.

II

Mezza bottiglia di vino

A molti giornalisti provoca un sorriso di compatimento chi ricorda loro che devono scrivere la verità. «Eh già, bravo lui» rispondono «ma quale Verità? E che cos'è, poi, la Verità?» Certo, percepirla, identificarla, definirla non è mai stato facile. Tuttavia, senza scomodare la filosofia, la teologia o magari la poetica pirandelliana, si può tentare di stabilire che cos'è – o meglio che cosa dovrebbe essere – la verità (con la «v» minuscola) per un giornalista. Proviamo a farlo con un esempio.

Una bottiglia di vino riempita a metà può essere descritta come: 1) mezza piena; 2) mezza vuota. Anche se le due descrizioni sembrano in contrasto, addirittura incompatibili tra loro – e quindi una vera e l'altra falsa – in realtà tutt'e due corrispondono alla verità. Ma a condizione che il giornalista accerti: A) che si tratti effettivamente di una bottiglia e non, per esempio, di una sagoma di cartone molto ben – direi iperrealisticamente – disegnata e colorata; B) che il liquido in essa contenuto sia effettivamente vino e non – mettiamo – acqua sporca. O, peggio ancora, benzina (in questo caso si tratterebbe di un'arma micidiale: la cosiddetta bottiglia molotov).

Ecco: troppo spesso i giornalisti scrivono di bottiglie di vino riempite a metà, senza averle neanche prese in mano; e odorate, per verificare se c'è davvero del vino, dentro. Anzi: senza neppure averle guardate da vicino e con attenzione. Si fidano delle apparenze, e queste ammanniscono ai lettori. Con disinvoltura, leggerezza e superficialità.

Sin qui i giornalisti in buona fede. Purtroppo ci sono anche – e numerosissimi – quelli in malafede. Questi, pur avendo accertato che si tratta effettivamente di una bottiglia di vino, scrivono che dentro c'era acqua sporca, o benzina. E viceversa. Sono giornalisti senza scrupoli che manipolano la verità dei fatti piegandola ai loro interessi o adeguandola ad una loro tesi precostituita.

In buona o in cattiva fede, rimane il fatto che questi giornalisti combinano guai a non finire. E a rimetterci, come sempre, sono – oltre che, naturalmente, le vittime della loro sciatteria o delle loro bugie – gli ignari lettori.

Falso, si stampi

Tutti hanno apprezzato, lodato, il senso di responsabilità, la saggezza di Israele che durante la guerra del Golfo ha rinunciato a rispondere con le armi ai continui, proditori attacchi dei missili iracheni. Tutti? Non proprio. Non hanno potuto farlo i lettori del «Sole-24 Ore», ai quali, fin dal primo attacco, il giornale racconta: «Saddam attacca Israele che reagisce»[1] con un grande titolo in prima pagina. Né i lettori del «manifesto», il cui bollettino di guerra, sempre in prima pagina, descrive «Una immedia-

[1] «Il Sole-24 Ore», 18-1-1991

ta reazione di Tel Aviv che ha fatto decollare gli aerei diretti su Bagdad».[2] E nemmeno i lettori del «Corriere della Sera», i quali apprendono da un grande titolo – ancora in prima pagina – che «Aerei con la stella di David sono in volo verso l'Irak».[3] Sembra quasi che il «visto si stampi» con cui si mandano le pagine in tipografia sia stato sostituito da «falso si stampi». Esagerato? E allora andiamo avanti, rimanendo sempre in Israele.

Sul settimanale «Il Sabato» Franco Cardini scrive che «a causa delle scelte dell'ultimo governo israeliano, quest'anno, per la prima volta, i cristiani non hanno potuto celebrare a Betlemme la nascita di Gesù e la Comunità cristiana che vive e lavora in Israele e nei territori occupati, si va drammaticamente assottigliando».[4]

Possibile che anche questo sia falso, tutto falso? Dunque: se il Natale 1990 a Betlemme non si è potuto celebrare, non è per responsabilità del governo Shamir. Ma perché i dirigenti dell'Intifada hanno pubblicamente diffidato le autorità cristiane dal celebrarlo. Quanto alla Comunità cristiana che si assottiglierebbe, le cifre sono queste: i cristiani nel 1948, anno di nascita di Israele, erano 30.000. Oggi sono oltre 110.000. Si è registrato, dunque, un ritmo di crescita di ben 2500 cristiani l'anno. Altro che drammatica diminuzione.

Può bastare? Potrebbe non bastare. E allora andiamo ancora avanti, rimanendo nel tema, ma tornando in Italia.

La stramaledetta guerra del Golfo entra anche nelle scuole. Gli studenti ne discutono e si dividono fra chi la ritiene

[2] «il manifesto», 18-1-1991
[3] «Corriere della Sera», 18-1-1991
[4] «Il Sabato», 12-1-1991

inevitabile e chi – la maggioranza – pensa invece che si poteva e si doveva evitare, insistere per una soluzione pacifica. Ma in una assemblea al Liceo classico Mamiani di Roma – scrive Mario Reggio sulla «Repubblica» – «agli studenti ebrei la parola viene negata».[5] Perché? «Perché la maggioranza pacifista degli studenti è contro Israele.» La notizia, grave, gravissima, è verosimile, credibile. Visto che in passato simili episodi di intolleranza, al limite del razzismo, si sono verificati, in altre assemblee, all'università La Sapienza di Roma: Facoltà di Scienze Politiche, Magistero e Lettere.

Così, proprio il giorno in cui «la Repubblica» dà la notizia, questa rimbalza nel bel mezzo di un dibattito televisivo sulla Terza Rete condotto da Corrado Augias. E un paio di direttori, giustamente indignati, anticipano i loro programmi per il giornale dell'indomani.

«Tutti abbiamo il dovere di mandare un inviato al Mamiani per fare un'approfondita inchiesta», dichiara Livio Zanetti, direttore del Gr1.

«Domani andremo al Mamiani, e domani stesso trasmetteremo notizie complete su questo vergognoso episodio», promette Alessandro Curzi, direttore del Tg3.

La stessa cosa, naturalmente, decidono di fare i direttori di quasi tutti gli altri quotidiani italiani.

Quanta fatica sprecata! Non era vero niente. Ma proprio niente. Come giurano un paio di studenti ebrei che avevano partecipato all'assemblea del Mamiani incriminata. E il preside del Liceo, professor Giuseppe Contessa, il quale, con orgoglio, conferma pure che al Mamiani, episodi del genere non si sono mai, ma proprio mai, verificati.

[5] «la Repubblica», 22-1-1991

Chissà se c'è ancora qualcuno disposto a credere che un fatto sia davvero avvenuto solo perché stampato in grandi caratteri neri.

Di carte e sulla sabbia

Da anni sui giornali il nome di Francesco Cossiga viene associato a quello di Licio Gelli, il capo della loggia massonica P2. Una settimana sì e l'altra pure qualche giornale trova il modo di scrivere che Cossiga e Gelli erano grandi amici. Se non addirittura complici di chissà quanti e quali misfatti.

Ma come è nata questa accusa? Si tratta di una vicenda così esemplare che vale la pena raccontarla per filo e per segno.

Tutto comincia il 7 giugno 1988 con un servizo del Gr2. Nel quale si avanza il sospetto che Cossiga, ministro dell'Interno all'epoca del sequestro Moro (marzo 1978), avesse voluto Licio Gelli nello speciale comitato – il cosiddetto Comitato di crisi – insediatosi al Viminale con il compito di seguire ora per ora gli sviluppi della vicenda.

Autore del servizio Emilio Albertario, già capo ufficio stampa di Virginio Rognoni al ministero della Giustizia. Un ex capo ufficio stampa di Rognoni? Sa quel che dice, pensano i giornali. E così pubblicano, senza controllarla, la notizia del Gr2.

«Il Messaggero»: «Quella strana riunione con Gelli»; «Il Mattino»: «Moro: spunta un piduista eccellente»; «Il Secolo XIX»: «Gelli superconsulente del caso Moro?». E così via.

Da quel momento, accade qualcosa che ha dell'incredibile. I giornalisti si rincorrono, si inseguono, l'un con l'altro, fornendo nuove rivelazioni, nuove testimonianze su Gelli consulente di Cossiga. E ogni rivelazione pubblicata da un giornale viene ripresa come notizia certa dagli altri quotidiani, senza essere sottoposta alla benché minima verifica.

Così, l'8 giugno «Il Giorno» (articolo di Bruno Ruggiero e David Sassoli) scopre un testimone, un ex funzionario del Sisde, Elio Cioppa. Il quale dice di aver avuto dal suo capo, generale Grassini, un appunto datogli proprio da Gelli durante una riunione del Comitato.

L'indomani, 9 giugno, quasi tutti gli altri quotidiani pubblicano questa nuova rivelazione. Ma Sandra Bonsanti sulla «Repubblica» non si limita a riferire della testimonianza di Cioppa. Ci aggiunge un piccolo scoop: «a Gelli sarebbe stato rilasciato un lasciapassare» per incontrare Cossiga al Viminale.

Il 10 giugno, mentre gli altri quotidiani pubblicano la notizia del «lasciapassare a Gelli», ancora Sandra Bonsanti, con l'aiuto di Silvana Mazzocchi, fa un riepilogo delle varie rivelazioni sul caso Moro-Gelli-Viminale. E vi allega un altro piccolo scoop: «la misteriosa scomparsa» (e come poteva mancare una misteriosa scomparsa?) dei verbali redatti durante le riunioni del Comitato di crisi. Verbali che, se non si fossero volatilizzati, proverebbero che Gelli partecipava alle riunioni. Quel che «è certo» scrive la coppia Bonsanti-Mazzocchi «è che qualcuno appuntava ogni dettaglio di quelle riunioni».

Finalmente l'11 giugno i giornali cominciano a rendersi conto di aver costruito un caso sulla sabbia. L'ex funzionario del Sisde Cioppa smentisce categoricamente: «Non ho mai detto o saputo che Gelli partecipasse alle riunioni del Comitato». Il 12 giugno, poi, il castello di carte crolla rovinosamente: si accerta che non è mai stato rilasciato un lasciapassare a Gelli. E che i verbali delle riunioni del Comitato di crisi non esistono, non sono mai esistiti: per il semplice fatto che nessuno, in quei 55 giorni, era stato incaricato di redigerli, né di prendere appunti.

E Albertario, il radiocronista autore dell'irresistibile servizio pilota? Confessa ai magistrati che lo interrogano: di Gelli al Comitato mi ha parlato un collega del Gr2. Che l'ha saputo da un altro collega. Che è morto.

Dunque, una notizia-di-terza-mano-con-morto è riuscita a trascinare buona parte della stampa italiana, per ben cinque giorni, in un'avventura da ciarlatani.

L'America dimenticata

Per Giorgio Bocca chi dice che gli italiani debbono rassegnarsi all'immigrazione degli extracomunitari, come si sono rassegnati gli inglesi, i francesi e i tedeschi è «un nuovo demagogo» che si lascia andare a «prediche virtuose».

Così in un articolo sulla «Repubblica» Bocca se la prende con «i solidaristi cristiani o marxisti che vagheggiano una società multirazziale e multiculturale, in modo che a volte ricordano le brochures delle agenzie di viaggio. La società multietnica e multiculturale sarà probabilmente nel destino del mondo e converrà magari per necessità accettarla. Ma perché vagheggiarla – è il duro richiamo alla realtà di Bocca – se al momento non c'è un solo paese al mondo dove funzioni?».[6]

Come non c'è un solo paese al mondo dove funzioni? E degli Stati Uniti che ne facciamo? Li cancelliamo dalle

[6] «la Repubblica», 23-2-1990

carte geografiche? Qui è Bocca a vagheggiare una Terra tolemaica, dimenticando quasi che Cristoforo Colombo, cinque secoli fa, scoprì l'America.

Negli Stati Uniti c'è sicuramente una società formata da gente d'ogni razza e colore. Da bianchi europei (inglesi, irlandesi, russi, turchi eccetera) e non europei (mediorientali, magrebini eccetera); da «gialli» cinesi, giapponesi, filippini, esquimesi; da «colorati» asiatici, indiani autoctoni, africani, polinesiani eccetera.

Quella statunitense è senza alcun dubbio anche una società multiculturale e multireligiosa: vi convivono perfettamente, con grande spirito di tolleranza e rispetto reciproco, protestanti di tutte le sette, cattolici (romani e ortodossi), ebrei, buddisti, musulmani e altri ancora.

Sarà anche vero che ogni tanto negli Stati Uniti scoppiano disordini per motivi razziali. Ma non per questo si può certo dire che la società statunitense non funzioni. Funziona, funziona benissimo.

Se ne sarà accorto, Giorgio Bocca, tutte le volte che da inviato speciale dell'«Europeo» e del «Giorno» ha visitato gli Stati Uniti? Certamente sì. A meno che – ma si stenta a crederlo – Bocca non faccia l'indiano. Non faccia come quel capo tribù Arawak descritto da Cesare Pascarella nella sua poesia *La scoperta dell'America*, al quale i marinai di Cristoforo Colombo chiedono alcune informazioni:

Dice: «Sa? noi venimo da lontano,
Per cui, dice, vorressimo sapere
Si lei siete o nun siete americano».

«Che dite?» fece lui, «de dove sêmo?
Sêmo de qui; ma come so' chiamati

'Sti posti,» fece, «noi nu' lo sapemo».

Ma vedi si in che modo procedeveno!
Te basta a di' che lì c'erano nati
Ne l'America, e manco lo sapeveno.

Le leggi di Vattelappesca

Non funziona, invece, il modo con il quale spesso i giornali pubblicano i fatti di cronaca di cui sono protagonisti gli immigrati in Italia. Si tratta di errori, disattenzioni, leggerezze che alimentano – il più delle volte senza intenzioni – la xenofobia. Il che avviene quando i giornali (tutti, nessuno escluso) pubblicano questo genere di titoli: *Vu' cumprà truffa due studenti*; *Arrestato tunisino spacciatore di droga*; *Marocchino violenta minorenne*. Dimenticando che se il truffatore, lo spacciatore e il violentatore fossero, rispettivamente, genovese, romano e barese, il titolo certamente non lo specificherebbe.

A non funzionare – e ad alimentare la xenofobia – sono soprattutto le colonne e colonne di piombo nelle quali taluni giornalisti descrivono gli immigrati come se fossero, tutti, o quasi, dei criminali. Contro i quali lo Stato è impotente e le leggi italiane inadeguate.

Sulla «Repubblica» Corrado Augias racconta di un borseggiatore che «viene colto in flagrante su un autobus nella ressa davanti alla Fontana di Trevi. Ha appena sfilato il portafogli a un turista straniero, e viene arrestato. La gente applaude, è spettacolo di ogni giorno. Ciò che la gente non vede e non sa è quello che succede quando il ladruncolo compare davanti al giudice: viene condannato e rimesso in libertà. Poiché il portafogli che gli hanno trovato addosso è la prova inconfutabile del reato, non c'è bisogno di tenerlo in carcere in attesa della sentenza definitiva. Ci sono casi di zingari e di sudamericani arrestati due volte in due giorni per lo stesso reato».[7]

Ecco, ci siamo. Un signore è stato borseggiato davanti alla Fontana di Trevi? Il delinquente borseggiatore non può essere genovese, romano o barese. Per carità! Non può essere che un immigrato.

«È sgradevole» continua Augias «ed è solo l'inizio. Il borseggiatore in attesa di condanna definitiva è, per legge, un imputato a disposizione dei giudici. Se si tratta d'immigrato clandestino questo vuol dire che non può essere espulso. Molti immigrati clandestini rubano perché trovarsi nella condizione di imputato equivale a un permesso di soggiorno, ottenuto senza nemmeno il bisogno d'esibire il passaporto, e quindi con la possibilità di dichiarare un nome falso tenendo "pulito" quello vero per la volta successiva, per il prossimo ingresso in Italia, chissà.

«Siamo riusciti nel capolavoro unico al mondo» è la sconsolata conclusione di Augias «di trasformare la legge in un incentivo al delitto perché l'immigrato clandestino onesto può essere cacciato via e l'immigrato colpevole di un reato no.»

Di quali leggi, di quale paese parli Augias è un mistero: forse di Vattelappesca, non certo dell'Italia.

Perché in Italia sono in vigore da anni alcune leggi, tra cui la cosiddetta «legge Martelli». Esse prevedono che l'immigrato può essere espulso: 1) dopo una «condanna di primo grado»; 2) se ha anche soltanto «violato una legge», oppure «si sia reso responsabile di un atto contrario alla

[7] «la Repubblica», 14-5-1991

legge»; 3) addirittura per il solo fatto di non essere in grado di dimostrare «la sufficienza e la liceità» delle proprie fonti di sostentamento.

Ma c'è di più: le leggi italiane prevedono pure che l'espulsione dell'immigrato può essere immediata, senza la minima possibilità per il malcapitato di rivolgersi al Tar o comunque ad un legale.[8]

Ecco un esempio di pressappochismo con effetti assai perversi. Corrado Augias, scrittore, uomo di cultura, brillante conduttore di trasmissioni televisive, non è razzista. Eppure il suo sembra proprio un articolo razzista.

Scipione l'Africano

Durante la lunga lite tra i due colossi della chimica italiana, Eni e Montedison, per il possesso dell'Enimont, si verifica un episodio che sancisce la rottura fra i due gruppi. All'appuntamento con il presidente dell'Eni, Gabriele Cagliari – per la riunione del Comitato degli azionisti nella sede dell'Enimont a Milano –, Raul Gardini, presidente della Montedison, non si presenta.

I tre telegiornali mostrano – forza delle immagini! – Cagliari che arriva in piazza della Repubblica e che fa il suo ingresso nel palazzo dell'Enimont. I fotografi, i cineoperatori, i giornalisti che aspettano al freddo inutilmente. Poi si vede nuovamente Cagliari uscire dall'edificio e allontanarsi con la sua auto. Di Gardini neanche l'ombra.

Ma Giovanni Scipioni sulla «Repubblica» scrive testualmente: «I sei uomini Enimont (Gardini, Sama, Garofano per Montedison e Cagliari, Barbaglia e Cifoni per l'Eni)

[8] Articoli 7, 9, 25 Legge 39/90; e articolo 25 Legge 152/75

si sono dati appuntamento al primo piano del palazzo di piazza della Repubblica a Milano alle ore 18. Puntualissimi hanno varcato la soglia tra i flash dei fotografi. Un'ora dopo erano di nuovo fuori».[9]

Da chi si fa dare le notizie Scipioni? Dal portiere? Dagli uscieri? Dalle donne delle pulizie? Se così è, fa male a crederci. Dimostrando oltretutto di non aver imparato granché dallo studio – che certamente avrà fatto – della biografia, del carattere del suo illustre antenato, Publio Cornelio Scipione l'Africano.

Si racconta che Scipione, recatosi dal poeta Ennio – che ammirava moltissimo – si sentì dire da una schiava che il padrone non era in casa. L'Africano – che pure non doveva scriverci su un articolo – non le credette. Indugiò nei pressi della casa, e dopo un po' vide uscire il poeta.

Scipione se la legò al dito. E quando qualche giorno dopo Ennio andò a trovarlo, si affacciò ad una finestra e disse: «Scipione non è in casa». «Come non sei in casa?», gli chiese sbalordito il poeta. E Scipione: «Tu pretendi che io creda alla tua schiava, e non vuoi credere a me?».

Una gara per Pinocchio

Pinocchio, il burattino caro a grandi e piccini di tutto il mondo, se ne intende: è universalmente riconosciuto un grande esperto in materia. Eppure non ci voleva credere. Certo, si può anche capire che appaia assurda, inventata, la storia che sto per raccontare. Ma è vera, verissima: lo giuro.

[9] «la Repubblica», 21-2-1990

È la storia di una strana gara.

Il primo a scattare, ai nastri di partenza, è Roberto Formigoni, vicepresidente del Parlamento europeo, democristiano. Prima a *Samarcanda*, il settimanale del Tg3, poi all'università Statale di Milano, rivela che la vita di papa Giovanni Paolo II corre gravi rischi, seri pericoli. Insomma il papa è minacciato a causa della sua coraggiosa, incessante azione a favore della pace nel Golfo Persico dove infuria, da circa un mese, la guerra tra gli iracheni e gli alleati arabi e occidentali.

Pur sollecitato dai cronisti, e persino dal ministro degli Interni Vincenzo Scotti, di più Formigoni non vuole dire: né da chi provengano queste minacce, né come potrebbero realizzarsi, e neanche come ne è venuto a conoscenza.

Proprio a causa di questa reticenza, la grave, allarmante notizia è di quelle da prendere con le molle. Eppure solo «La Stampa»[10] intuisce subito che quello di Formigoni è quantomeno un falso allarme; e sceglie un titolo che riporta la sacrosanta richiesta del ministro degli Interni: «Formigoni dica quel che sa».

Molti altri quotidiani, invece, si lasciano ingannare. In buona fede, credo, visto che i loro titoli riferiscono correttamente le cose dette da Formigoni. Il «Corriere della Sera»[11] punta sull'allarme («Grido d'allarme di Formigoni»); «Il Giorno»[12] sul pericolo («Formigoni denuncia: il Papa è in pericolo»); «Il Messaggero»[13] preferisce i ri-

[10] «La Stampa», 9-2-1991
[11] «Corriere della Sera», 9-2-1991
[12] «Il Giorno», 9-2-1991
[13] «Il Messaggero», 9-2-1991

schi («Formigoni denuncia: gravi rischi per il Papa») e «la Repubblica»[14] sceglie le minacce («Formigoni: il Papa pacifista è minacciato»).

Ed eccoci finalmente alla partenza dei concorrenti di Formigoni. Sono tre quotidiani che scelgono dei titoli in cui Formigoni non compare. Come se la notizia non fosse la più che sospetta dichiarazione dell'europarlamentare, ma le già accertate minacce al papa.

I quotidiani sono «l'Unità»,[15] che tuttavia parla soltanto di «Pesanti pressioni politiche sul Pontefice». «il manifesto»[16] il quale – approfittando del fatto che il Vaticano tace perché prima vuole vederci chiaro – strilla il titolo («Minacce al papa / Il Vaticano non smentisce») in prima pagina. E «Il Mattino» di Napoli[17] di cui vale la pena leggere, oltre al titolo, «In pericolo la vita del papa», un articolo di Emanuele Imperiali, che si avventura sui possibili mandanti dei killer pronti a colpire.

Chi potrebbero essere? «O gli ebrei o il Presidente degli Stati Uniti George Bush», naturalmente. E tanto perché sia chiaro che non si tratta di fantapolitica, «Il Mattino» pubblica un altro articolo a firma Piero Incagliati in cui si ricorda «l'attentato di dieci anni fa per mano di Alì Agca».

Ma le bugie hanno le gambe corte, come diceva la Bella Bambina Dai Capelli Turchini che proteggeva il nostro caro burattino. L'indomani, il portavoce del Vaticano, Joaquin Navarro, fa piazza pulita di minacce, di rischi, di pericoli: tutto falso. E quasi tutti i quotidiani ne informano corret-

14 «la Repubblica», 9-2-1991
15 «l'Unità», 9-2-1991
16 «il manifesto», 9-2-1991
17 «Il Mattino», 9-2-1991

tamente i lettori. Senonché lo stesso giorno Formigoni smentisce la smentita del Vaticano. Ma l'« Avvenire »,[18] quotidiano cattolico, ripeto cattolico, decide, incredibile ma vero, di iscriversi alla gara e di parteciparvi. Come? Pubblicando questo titolo a sei colonne: « Confermo tutto / Formigoni: il Papa rischia ma non posso dire di più ». Un titolo, insomma, con cui l'« Avvenire » sceglie di dare più credito a Formigoni che alla Santa Sede.

Ma come si comportano gli altri tre quotidiani, già concorrenti di Formigoni, nella gara fra chi la spara più grossa? « Il Mattino »,[19] bisogna dargliene atto, si ritira subito con un titolo in prima pagina in cui riconosce che « Sono solo voci, non fatti, le minacce al papa ». « l'Unità »[20], invece, continua a correre facendo la scelta inversa: « Si tratta di fatti, altro che di voci », strilla il suo titolo in quarta pagina. Ma « il manifesto »[21] con uno scatto bruciante, supera tutti, informando i suoi lettori che « il Vaticano non conferma né smentisce ».

Così è proprio « il manifesto » a vincere, perché la gara si conclude a sorpresa tre giorni dopo, quando anche Formigoni si ritira in buon ordine dichiarando alle agenzie di stampa[22] che lui « non ha mai parlato di minacce al papa »; che « c'è stato un equivoco »; che « le sue dichiarazioni sono state male interpretate »; eccetera, eccetera, eccetera. Complici gli scioperi dei poligrafici, che quel giorno impediscono l'uscita dei quotidiani, questa ritrattazione non è stata mai pubblicata.

[18] « Avvenire », 10-2-1991
[19] « Il Mattino », 10-2-1991
[20] « l'Unità », 10-2-1991
[21] « il manifesto », 10-2-1991
[22] Ansa, Agi, Adnkronos, 13-2-1991

Visto con che leggerezza i giornalisti trattano le notizie? Notizie non di piccola cronaca, ma nientedimenoché di minacce alla vita del papa.

Pinocchio alla fine ci ha creduto. Anche se non può capacitarsi del fatto che a nessun concorrente dell'incredibile gara gli sia cresciuto, almeno un po', il naso.

Disco rosso per Giovanni

Disco Rosso si chiama il breve corsivo di seconda pagina con il quale «Il Tempo» mette alla berlina governo, opposizione, partiti, uomini politici.

Un giorno nel mirino di *Disco rosso* finisce Mario Capanna, l'ex leader del movimento studentesco, ex segretario di Democrazia proletaria, oggi autorevole esponente dei Verdi.

Che aveva combinato quella peste di Capanna, che una ne fa e cento ne pensa? Con un cartello, dove si poteva leggere «Montecitorio Cinquantunesima stella Usa» appeso al collo, aveva protestato, davanti alla Camera dei Deputati, contro l'assemblea della Nato, riunita proprio a Montecitorio. «Una esibizione né ignobile né ridicola» commenta il quotidiano «solo patetica».[23]

Senonché, davanti a Montecitorio, Capanna non aveva inscenato alcuna protesta. Né con un cartello, né senza. A protestare, con il cartello anti-Nato, era stato l'allora segretario di Democrazia proletaria Giovanni Russo Spena (oggi confluito in Rifondazione comunista).

I due, che si detestano cordialmente, non hanno nulla in comune. Neanche l'ornamento del viso. Capanna ha la

[23] «Il Tempo», 6-10-1989

barba, Russo Spena solo i baffi. Capanna è arcinoto (se non famoso o famigerato, a seconda dei gusti). Russo Spena non riesce a far parlare (o per meglio dire a far scrivere) di sé neanche quando si veste da uomo-sandwich.

«Il Tempo», poi, pur di non parlare di Russo Spena è capace di tutto.

Un paio di settimane dopo, *Disco rosso* se la prende con Marco Pannella e Marco Taradash. Il leader radicale e il suo pupillo antiproibizionista «hanno superato ogni residuo di credibilità e di decenza»[24] per aver organizzato una manifestazione a Roma, a piazza Navona, in cui i manifestanti, provocatoriamente, fumano spinelli.

Peccato che a piazza Navona i due Marchi non avevano messo piede neanche per una passeggiata. Perché demoproletari erano i manifestanti-fumatori e demoproletari gli organizzatori. Con in testa proprio Russo Spena.

Che deve fare il povero Russo Spena perché «Il Tempo» si accorga di lui? Camminare sulle acque? Guarire i lebbrosi? Resuscitare i morti?

Il cappello a cilindro

Gladio, la struttura supersegreta costituita nel 1956 allo scopo di contrastare con attività di guerriglia un'eventuale invasione dell'Italia da parte dell'Armata rossa, si identifica in qualche modo con il Piano Solo, il progetto di colpo di Stato messo a punto nel 1964 dal comandante generale dei carabinieri dell'epoca, Giovanni De Lorenzo? «No», risponde la massima autorità politica, il presidente del Consiglio Giulio Andreotti. «Negativo», ripete il re-

[24] «Il Tempo», 25-10-1989

sponsabile dei Servizi segreti, ammiraglio Fulvio Martini. « Sono due cose completamente diverse », conferma un testimone d'eccezione, Lino Jannuzzi, il giornalista dell'« Espresso » che nel 1967 rivelò, con un famoso scoop, l'esistenza del Piano Solo.

Ma Eugenio Scalfari, direttore dell'« Espresso » nel 1967 e di « Repubblica » oggi, non ci crede. Lui è convinto che Gladio e Solo sono « in realtà la stessa identica cosa ». O quanto meno « le due facce della stessa medaglia ». E se Andreotti, Martini, Jannuzzi e altri giurano il contrario, poco male. Scalfari possiede un prodigioso cappello a cilindro da cui tira fuori fatti e misfatti dell'« Italia delle trame »: così lui chiama i numerosi misteri italiani su documenti segreti; su stragi impunite e P2; su mafia, 'ndrangheta, camorra e servizi deviati; e così via. Fatti e misfatti che proverebbero come la sua teoria – Gladio uguale Solo – non sia affatto campata in aria.

Così, in uno dei suoi tanti articoli di fondo sul caso Gladio, il direttore di « Repubblica » scrive che nel giugno del 1969, quando Giorgio Manes, il generale dei carabinieri incaricato di svolgere indagini sul Piano Solo, « morì drammaticamente nella buvette di Montecitorio, subito dopo aver deposto dinanzi alla Commissione parlamentare d'inchiesta, la sua borsa fu manomessa e ne furono sottratte le carte integrali che egli aveva portato con sé. Questa incredibile profanazione sul cadavere di un alto ufficiale è agli atti della Commissione d'inchiesta e reca tuttora vergogna a chi la commise ».[25]

Ebbene, tutto questo è falso, completamente falso. Infatti negli atti parlamentari risulta che: A) il generale

[25] « la Repubblica », 10-11-1990

Manes non morì alla buvette di Montecitorio, ma alla clinica Valle Giulia; B) egli era stato colpito da infarto nell'aula della Commissione, mentre si accingeva a deporre e non dopo aver deposto; C) la borsa con le carte e i suoi effetti personali furono presi in consegna, non appena il generale fu colpito dal malore, dal suo aiutante di campo, tenente Remo D'Ottavio, e a nessuno fu consentito anche soltanto di toccarli; D) ne consegue che nessuno si è macchiato della vergogna di profanare alcun cadavere.

Insomma, dal suo cappello a cilindro Scalfari credeva di tirar fuori un bel coniglio bianco, e invece gli rimangono in mano un paio di orecchie lunghe.

Ma non si arrende. Chi può dire, oggi, se la borsa del generale Manes fu manomessa o no? Soltanto il tenente D'Ottavio. E allora – venghino signori, venghino, sempre più difficile – che ti pesca dal suo cappello a cilindro il direttore di «Repubblica»? «Sarebbe impossibile» scrive «sapere oggi dal povero tenentino come andarono veramente le cose: pochi giorni dopo la morte per infarto del suo generale, egli infatti si sparò al cuore con la pistola d'ordinanza e morì. Dissero che la causa fosse il dispiacere per la separazione della moglie. Dalla quale peraltro» aggiunge Scalfari, non rinunciando a seminare chissà quale sospetto «era separato già da otto anni».[26]

Questa volta dal cilindro esce un vero disastro. Perché? Ma perché il tenente D'Ottavio, grazie a Dio, è vivo, gode ottima salute e conferma la sua deposizione fatta a suo tempo alla Commissione d'inchiesta: la borsa del generale Manes non fu manomessa da nessuno. Oggi colonnello,

[26] «la Repubblica», 13-11-1990

D'Ottavio è il vicecomandante dei carabinieri presso il ministero degli Esteri.

È di tali proporzioni, il disastro, che il giornale decide di correre in qualche modo ai ripari. E il giorno dopo incarica un redattore (rimasto anonimo) di scrivere la verità. Raccomandandogli tuttavia di non chiarire in alcun modo – per carità! – che l'articolo è stato scritto per correggere un errore del direttore.

Così l'anonimo articolista di «Repubblica» scrive che D'Ottavio si sparò, ma non morì. E «quando ormai l'attenzione dei cronisti si era spenta attorno a lui, l'ufficiale superò un delicato intervento chirurgico, affrontò una lunga e dolorosa convalescenza e si ristabilì». Anche se «nella memoria storica del "caso Solo" il suicidio di D'Ottavio è rimasto uno dei tanti misteri mai risolti».[27]

Certo non deve essere stato facile riparare, con una «pezza a colore», e senza un *errata corrige*, l'infortunio giornalistico capitato al suo direttore. E per questo l'articolista-rammendatore merita comprensione e simpatia. Ma come si fa a confondere la memoria di Scalfari con la «memoria storica»?

Si racconta (attingendo alla memoria storica) che a Sacha Guitry, il commediografo, attore e regista francese di origine russa, fosse venuta la mania dei giochi di prestigio. Vi si applicò con grande impegno fino a quando non credette di essere diventato bravissimo in un gioco, che consisteva nell'aprire dodici uova dentro un cappello a cilindro, rovesciarlo, e farne uscire non una frittata, ma una corona di fiori.

Un giorno invitò a pranzo Tristan Bernard. Prese il ci-

[27] «la Repubblica», 14-11-1990

lindro, ruppe le dodici uova, e chiese al suo ospite di mettersi il cappello in testa, sicuro di cingerlo con una corona di fiori.

E invece, prima sui capelli, poi sulla lunga e fluente barba del grande commediografo e romanziere francese colarono dodici albumi e dodici tuorli puzzolenti e appiccicaticci. Il malcapitato prima imprecò, poi abbandonò casa Guitry. E a Sacha tolse per sempre il saluto.

Si immagina che il simpatico redattore-rammendatore di «Repubblica» non abbia potuto fare altrettanto.

Una teoria signorile

A Beniamino Placido non piace una trasmissione televisiva su Raidue di Ruggero Guarini, *Fino all'ultima idea*. Le dedica ben tre *A parer mio* (così si chiama la rubrica che il principe dei critici televisivi tiene sulla «Repubblica»).

Su Guarini, sul tema della puntata, sugli ospiti si abbattono gli «sfottò», più o meno feroci, di Beniamino Placido. Fin qui, niente da dire. Il diritto di critica è sacro e inviolabile. Un'opinione è un'opinione. E un parere, di Placido o di chiunque altro, merita rispetto.

Senonché l'inesorabile Placido trova il modo di sfottere – e ferocemente – anche Gianni De Michelis, che assieme a Elémire Zolla (l'altro ospite di Guarini) ha dibattuto i pro e i contro del Progresso. «Mi sono ricordato» scrive Beniamino Placido «che qualche tempo fa l'onorevole De Michelis ha sostenuto – con ingenuità di cuore certamente – che in questo mondo progredito, moderno, post-moderno bisognerebbe piantarla con certi moralismi arcaici. Rassegnarsi a sopportare, quasi quasi a legalizzare la corruzione, le tangenti. Eh no, mi sono detto. La tangente, caro onorevole De Michelis, è sempre seccante. »[28]

Ebbene, si tratta di un falso: l'onorevole De Michelis non ha mai sostenuto niente del genere. Né da ministro (del Lavoro, delle Partecipazioni Statali, degli Esteri ecc.). Né da capogruppo alla Camera. E neanche da presidente dell'Unione Goliardica Italiana. Questa, quantomeno bizzarra, teoria fu partorita dalla mente del ministro dei Trasporti, Claudio Signorile, quando fu investito dallo scandalo che costò le manette al suo segretario, Rocco Trane.

Questa la verità dei fatti: non si può certo addebitare a De Michelis una gaffe che è di Signorile. E viceversa, naturalmente.

L'articolo con il falso di Placido, è intitolato « Progresso, moralismi e parole in libertà »: avrebbe dovuto intitolarsi « Progresso, moralismi, parole *e fatti* in libertà ».

Un romano per un altro

A Beniamino Placido è capitato di prendere fischi per fiaschi anche in una sua critica – sempre sulla « Repubblica » – a un programma culturale di Radiotre, *Orione*.

Orione dedica una puntata all'Europa. Una puntata che si rivela « perfettamente prevedibile » scrive Placido « banale in modo sconsolante. Possibile che l'Europa oltre a essere buona e a far bene non abbia dei problemi? Sono quelli che ci interessano ».[29]

Il giorno dopo, tuttavia, *Orione* trova il modo di riscattarsi agli occhi dell'illustre critico. Con una « interessante

[28] « la Repubblica », 28-10-1989
[29] « la Repubblica », 13-2-1990

trasmissione» dedicata «alle bugie dei libri di storia». Bugie smascherate «per merito di Sergio Romano; che è stato un fine diplomatico; che è un finissimo storico e un gentiluomo impeccabile». «E che» scrive Placido, il quale quando vuole sa come far oscillare il turibolo «parla con appassionato documentato fervore».

Peccato che l'implacabile smascheratore delle bugie della storia non era l'ambasciatore Sergio Romano, ma lo storico Ruggiero Romano. E indovinate un po' chi era il protagonista della «prevedibile, banale, sconsolante» trasmissione di *Orione* dedicata all'Europa? Ebbene sì, proprio lui: l'ingiustamente incensato ambasciatore Sergio Romano.

Saffo a Roma

La radio e la televisione sono sistemate. E il teatro? «Scandalo a Roma» è intitolato un articolo del critico teatrale Ugo Volli sul «Venerdì di Repubblica». A dare scandalo è l'attrice Adriana Asti, protagonista, sulla scena, di una «storia trasgressiva», la commedia di Natalia Ginzburg *L'inserzione*.

Si tratta «di un testo abbastanza scandaloso» spiega Volli «perché la protagonista è una donna con un ingombrante passato dietro le spalle (ex parrucchiera, ex comparsa di Cinecittà, ex moglie di un ingegnere) che decide di chiudersi questi capitoli dietro le spalle e di fuggire con una studentessa, impegnandosi in una storia d'amore che la società rifiuterà».[30]

Qui l'unico a dare scandalo è il critico, che presenta ai lettori una commedia che sicuramente non ha visto, né let-

30 «Il Venerdì di Repubblica», 26-4-1991

to. Non c'è nulla, ma proprio nulla (neanche una parolaccia, che pure in una commedia ambientata a Roma non dovrebbe mancare) di trasgressivo ne *L'inserzione*. Anzi: la trama si basa sul più classico dei triangoli: lui, lei, l'altra. Teresa, la protagonista interpretata da Adriana Asti, non si impegna affatto in una storia d'amore lesbico con l'altro personaggio femminile della commedia, Elena, la studentessa.

Teresa conosce Elena attraverso un'inserzione (da qui il titolo della commedia) sul «Messaggero» di Roma. Grazie all'annuncio sul quotidiano, le affitta una camera della sua grande casa in cui soffre di solitudine dopo la separazione dal marito, Lorenzo, un ricco ingegnere. Le due donne diventano molto amiche. Ma niente di più: Saffo non si scorge né in un dialogo né in un solo sguardo delle due protagoniste della pièce.

Poi Elena e Lorenzo si innamorano e progettano di sposarsi. Quindi ad «impegnarsi in una storia d'amore» (che «la società», peraltro, non si sogna neanche lontanamente «di rifiutare», come invece vorrebbe l'illustre critico) sono Lorenzo ed Elena, non quest'ultima e Teresa.

Ovviamente non è vera nemmeno la fuga d'amore di Teresa ed Elena intravista – non si sa in quale teatro – da Volli. *L'inserzione* non finisce con una fuga, ma con un omicidio: Teresa uccide Elena quando scopre la storia d'amore tra la sua amica e Lorenzo. Ma non la uccide perché è gelosa di lei – come piacerebbe al critico di «Repubblica» e ad altri appassionati della grande poetessa di Mitilene – ma perché è gelosa di lui, del suo ex marito.

«*Lo amo sempre. Lo amerò sempre*» dice Teresa pochi istanti prima di sparare a Elena. «*È la mia disgrazia. Se mi facesse un cenno, dalla parte opposta della terra, cor-*

rerei da lui. Correrei da lui a quattro zampe. Me lo ripiglierei sempre, anche vecchio, digiuno, randagio, anche pieno di cimici, di sifilide, con le pezze ai calzoni. È vero. Stare con lui per me era un inferno, ma darei la vita, la vita, ti dico, per tornare indietro al tempo che eravamo insieme.»

Una partita a poker

L'«Europeo» pubblica uno scoop[31] sul ritrovamento dei manoscritti di Aldo Moro in via Monte Nevoso. Un certo «Davide», qualificatosi carabiniere-infiltrato nelle Brigate rosse per conto dell'Arma, racconta di averli consegnati dodici anni fa – quando il covo Br fu scoperto – al generale Carlo Alberto dalla Chiesa. Il quale, qualche tempo dopo, gli confidò che stava per depositarli nelle mani di un importante uomo politico. Sarebbe davvero un bello scoop, visto che smentisce la versione ufficiale secondo cui i documenti erano rimasti per dodici anni sotto una finestra, nascosti da un'intercapedine sfuggita alle perquisizioni del 1978.

Senonché si scopre che «Davide» è soltanto un millantatore, un truffatore che ha cercato di spillare 50 milioni al settimanale.

Fin qui poco male: la storia del giornalismo è piena di falsi, di bidoni ai danni di testate tanto grandi, quanto credulone. Dai diari di Mussolini – per rimanere agli episodi più clamorosi di questo dopoguerra – a quelli di Hitler. Tutti episodi chiusi con tanto di scuse da parte dei direttori, vittime dei raggiri, ai loro lettori (si vedano i

[31] «Europeo», 26-10-1990

dignitosi articoli dei direttori dello « Stern » Henry Nannen, e di « Panorama », Carlo Rognoni, che raccontavano, senza infingimenti, come si fossero fatti imbrogliare dal falsario autore dei diari di Hitler).

Vittorio Feltri, direttore dell'« Europeo », invece non chiede scusa a nessuno. Non riconosce di essere stato vittima di una truffa, lui. Pubblica anzi un altro articolo, dal titolo « Il mistero di Davide »,[32] con il quale adombra il sospetto che « Davide » sia stato manovrato, convinto da qualcuno – con le buone e con le cattive – a confessare di essere un millantatore, un imbroglione.

Non solo: ma, ingaggiando una specie di partita a poker con i carabinieri, i magistrati e i suoi lettori, Feltri rilancia. E pubblica un altro scoop: un maresciallo dei carabinieri, tale Demetrio Perrelli, racconta di aver visto dodici anni fa, nel covo brigatista, l'intercapedine sotto la finestra già rimossa, e i documenti accatastati lì vicino. Il racconto è corredato da una « foto-ricordo del Perrelli in via Monte Nevoso ».

Ma la « mano », anche questa volta, a Feltri va male. Perché, interrogati dai magistrati, i carabinieri che nell'ottobre del 1978 fecero irruzione nel covo di via Monte Nevoso assicurano che il Perrelli non era con loro. Giurano anzi che non prese per niente parte all'operazione. E la foto? Un falso pure quella.

I lettori dell'« Europeo », sono ancora in attesa della terza puntata, cioè del terzo scoop, ovverossia della terza mano di poker; un altro carabiniere: no, un altro maresciallo; meglio ancora un tenente dell'Arma, racconterà al settimanale di aver svitato lui, con le sue mani, le viti che fis-

[32] « Europeo », 2-11-1990

savano al muro la famosa intercapedine. E porterà il filmato dell'«operazione cacciavite».

Poi, si scoprirà che non erano viti, ma chiodini. E che il filmato...

Eltsin e il falso testimone

Boris Eltsin? Un ubriacone. Un ubriacone e un ladro. Ladro e malversatore. Negli Stati Uniti per un giro di conferenze a pagamento (in America si usa così), il popolare deputato di Mosca e membro del Soviet Supremo (oggi presidente della Repubblica russa) non solo si è scolato una bottiglia di whiskey dietro l'altra, ma ha dilapidato in spese personali i fondi raccolti con le sue conferenze, destinati a curare i malati sovietici di Aids. Questo il succo di un articolo di Vittorio Zucconi sulla «Repubblica» intitolato «Eltsin, la glasnost al bourbon / Allegra tournée negli Usa: alcool a litri e spese folli», molto circostanziato, ben colorito e pieno di autorevoli testimonianze.[33]

Un bello scoop, non c'è che dire. Peccato che di vero c'era soltanto qualche bicchierino di troppo (e tutti sanno che i russi non riescono proprio a rinunciarvi: nei paesi freddi come l'Urss bere parecchio alcol è un'abitudine, quasi una regola. Per cui un russo alticcio non fa neanche notizia).

Quanto alle accuse di malversazione non era vero niente, ma proprio niente. Zucconi aveva accusato Eltsin di aver sperperato parte dei soldi destinati ai malati di Aids in «spese pazze», come «pacchi di videocassette con la trilogia completa di *Rambo*, *E.T.* e *Guerre stellari* e due

[33] «la Repubblica», 14-9-1989

videoregistratori». E invece Eltsin aveva solo acquistato un personal computer, che gli serviva per il suo lavoro di deputato.

Ma c'è di più. Zucconi aveva pure scritto che Alfred Ross – uno dei contabili della fondazione (la *Esalen Foundation*) che aveva invitato Eltsin in America – incaricato del trasferimento in Urss dei fondi raccolti con le conferenze, aveva dichiarato: «Sarà meglio che i malati di Aids sovietici non ci facciano troppo conto. Se continuerà a spendere di questo passo, quando partirà dall'America resteranno soltanto debiti». («Cambiali e parole nella scia della perestrojka», era stato l'indignato commento dell'inviato di «Repubblica».)

Ebbene, nessun Alfred Ross lavorava per la *Esalen Foundation*, né come contabile, né come dattilografo e nemmeno come addetto alle pulizie. Più semplicemente, Alfred Ross non esisteva.

E il diavolo ci mette pure la coda. Prima ancora che si scopra il falso, l'articolo di «Repubblica» viene ripreso dal più autorevole giornale dell'Urss, la «Pravda». Per la gioia del vecchio apparato politico-burocratico sovietico, il quale ha sempre considerato il radicale Eltsin un pericoloso sovversivo (e aveva ragione da vendere: soprattutto per merito di Eltsin fallirà il golpe di Mosca nell'agosto 1991). Poi, quando il falso si scopre, la «Pravda» (del 20-9) offre le sue scuse al diffamato Eltsin, dicendosi certa che altrettanto avrebbe fatto «la Repubblica».

Da quel giorno tutte le mattine, coloro che di «Repubblica» non possono fare a meno (un po' come il caffè e la sigaretta: tutti sappiamo che, specialmente appena alzati, ci fanno male, ma non riusciamo a rinunciarvi) aprono il giornale cercando le scuse. Non solo a Eltsin ma anche alla «Pravda», per averla indotta in errore. Con un bell'articolo, come quello che conteneva il falso. E con il rilievo che un caso politico-giornalistico di dimensioni internazionali come questo merita.

Passano tre giorni di inutile attesa. Finalmente, il quarto giorno, compare un editoriale del direttore, Eugenio Scalfari, dal titolo «Gorbaciov e il tiro al piccione».[34] Dopo aver analizzato in lungo e in largo le enormi difficoltà che incontra il leader sovietico nel realizzare la sua politica di riforme, Scalfari relega nella sesta colonna (e a pagina sei) le scuse a Eltsin. Ma non perché il suo giornale lo ha diffamato, bensì perché l'articolo di «Repubblica» è stato usato, dalla «Pravda», come «arma di lotta politica» contro di lui. Tutto qui. E le scuse alla «Pravda»? Neanche una parola.

Si tratta, con tutta evidenza, di una gaffe. Una gaffe di dimensioni internazionali. Tuttavia a «Repubblica», a questo genere di cose (nazionali o internazionali, non fa differenza), sono rassegnati. Quasi fatalisticamente.

A confessarlo, in un soprassalto di sincerità, è lo stesso Vittorio Zucconi nel suo libro *Parola di giornalista* (Rizzoli Editore), proprio nel capitolo dedicato alla vicenda Eltsin-«la Repubblica»: «Chi lavora per "Repubblica" sa di correre rischi, è conscio di praticare un giornalismo esposto sempre al rischio della coloritura eccessiva, dell'invenzione gratuita e ai contropiede delle gaffes e delle smentite».

[34] «la Repubblica», 24-9-1989

Il telefono di Randi

Approfittando del fatto che la magistratura milanese ne aveva ordinato l'intercettazione e la registrazione, «L'Espresso»[35] pubblica il resoconto stenografico di alcune telefonate che la signora Randi Krokaa, compagna di Adriano Sofri, fece o ricevette dal momento in cui l'ex leader di Lotta Continua fu arrestato con l'accusa di essere il mandante dell'omicidio Calabresi:[36] cioè dalle prime ore del mattino del 28 luglio 1988.

L'articolista dell'«Espresso», Leo Sisti, riconosce che «le telefonate sono di carattere privato», ma ne giustifica la pubblicazione con il fatto che si tratta di pubblici atti processuali, in cui compaiono «nomi eccellenti di politici e giornalisti».

I politici sono Claudio Martelli, Gianni De Michelis, Giuliano Vassalli (con i quali peraltro la signora Krokaa non riuscì mai a parlare), il deputato socialista Franco Piro, due o tre parlamentari radicali (con in testa Marco Boato, amico intimo di Adriano Sofri) e altri minori. I giornalisti citati sono tantissimi. Ma solo con tre – secondo quanto scrive il settimanale – la signora Sofri riuscì a mettersi in contatto. Con Paolo Flores d'Arcais, che le consigliò di chiamare Martelli; con Giuliano Ferrara, che promise di fare un'intervista per il «Corriere della Sera» a Marco Boato; e con Claudio Rinaldi, all'epoca direttore di «Panorama» (periodico con il quale Sofri collaborava), che le suggerì di affidarsi a un buon avvocato e si interessò all'acquisto di alcune fotografie.

[35] «L'Espresso», 20-5-1990

[36] Il Commissario di polizia Luigi Calabresi fu assassinato a Milano il 17-5-1972.

Questi politici e questi giornalisti sono i protagonisti – scrive Sisti – di quel «clima di solidarietà e mobilitazione» teso ad ammorbidire l'opinione pubblica.

Ebbene, leggendo, studiando con cura le 678 pagine in cui sono trascritte le intercettazioni telefoniche si scopre che gli uomini politici e i giornalisti citati, ma soprattutto la signora Randi Krokaa, sono vittime di una perfida quanto abile montatura dell'«Espresso». Per almeno tre ragioni.

La prima. Il settimanale si guarda bene dall'informare i suoi lettori che, al momento dell'arresto, la povera signora Krokaa non sa di quale reato è accusato Adriano Sofri. Ha potuto solo dare una sbirciatina al mandato di cattura e ha intravisto le parole «Calabresi» e «Milano». Niente altro. Da quel momento (sono le 6 del mattino di quel 28 luglio) la sua più grande preoccupazione è quella di sapere perché è stato arrestato, e dove è stato portato, il suo compagno. E si comporta come si comporterebbe la moglie (per la quale, non dimentichiamolo mai, i mariti sono sempre e comunque innocenti) di chiunque di noi: telefona a parenti, amici e conoscenti per chiedere loro di aiutarla a scoprire dove si trovi il marito. «Se riuscissi a farmi sapere dov'è», è la preghiera rivolta a quasi tutti i suoi interlocutori.

Ovviamente, i più indicati a fornire questo genere di informazioni sono gli uomini politici: Martelli, De Michelis, Vassalli, Boato eccetera. Ma dove sta lo scandalo? La signora Krokaa non ne invoca l'intervento per fare annullare l'ordine di cattura o magari per riavere indietro il suo compagno, ma solo per avere delle informazioni assolutamente legittime: di quali reati è accusato Adriano? Dove lo hanno portato?

La seconda. La compagna di Sofri e i suoi amici non

cercano i giornalisti affinché ammorbidiscano l'opinione pubblica con notizie addomesticate, come insinua il settimanale. Randi Krokaa – e questo emerge chiaramente dalle trascrizioni integrali delle centinaia di telefonate – è al contrario preoccupata che non escano notizie gonfiate, scandalistiche. Come quella – è un po' il suo chiodo fisso – che il piccolo casolare dove vive insieme ad Adriano venga descritto come una sontuosa dimora, come «la villa in Toscana». «Vorrei che non uscissero» ripete continuamente ai suoi interlocutori «notizie sbagliate. Solo giuste.»

La terza. I giornalisti citati nelle 678 pagine di intercettazioni telefoniche sono dozzine. Del «Messaggero», dell'«Unità», dell'«Europeo», del «manifesto», della «Repubblica», della «Nazione», della Rai eccetera. Perché il settimanale ne cita solo alcuni? Il criterio scelto dall'«Espresso» non è certo quello di pubblicare soltanto i nomi dei giornalisti che forse hanno contribuito ad «ammorbidire l'opinione pubblica».

No, il criterio scelto non può essere questo. Perché: A) di molti, il settimanale fa solo i nomi. Tuttavia nessuno di questi giornalisti citati – a parte Ferrara e Rinaldi, di cui si è detto – è stato poi realmente raggiunto telefonicamente e ha promesso il suo interessamento. Il che risulta in modo incontrovertibile dalle trascrizioni delle telefonate; B) nella trascrizione di una telefonata del 2 agosto, per esempio, la Krokaa e una sua intima amica si compiacciono per quanto scritto da Giorgio Bocca, autorevole firma della «Repubblica» e dell'«Espresso»: «Giorgio Bocca è stato bravino eh?». Eppure Bocca non compare nell'articolo del settimanale. Come non compaiono tanti altri giornalisti con cui – così risulta dalle trascrizioni – la signora Randi ha pure conversato.

Si capisce, allora, che « L'Espresso » ha selezionato le conversazioni telefoniche scegliendo fior da fiore i giornalisti che vuole mettere in cattiva luce. Valga per tutti l'esempio di Claudio Rinaldi, presentato come un cinico direttore-mercante, preoccupato solo di sfruttare l'occasione per uno scoop fotografico. Che stile, che classe! « Panorama » è il settimanale concorrente, di gran lunga più prestigioso e più venduto. Rinaldi, inoltre, è sospettato di insidiare la poltrona al direttore dell'« Espresso » dell'epoca, Giovanni Valentini.[37]

Ecco un bell'esempio di obliquità: si pubblicano alcuni – e solo alcuni – nomi di giornalisti con la scusa che compaiono in pubblici atti processuali. Ma il vero fine è quello di screditarli.

E dire che l'unica vera, inedita storia che balza agli occhi con prepotenza, dalla lettura delle 678 pagine, è quella dell'orribile sciacallaggio di alcuni cronisti. Che fin dalla mattina di quel 28 luglio assediano, braccano, assaltano la signora Krokaa per avere da lei interviste, dichiarazioni, informazioni. E pur di ottenerle si spacciano per amici suoi, di Adriano, di famiglia. Perfino per ex militanti di Lotta Continua. Con ammirevole forza d'animo e grande cortesia Randi Krokaa respinge gli sciacalli e i millantatori senza mai perdere la calma.

Ecco la trascrizione di una telefonata di una sedicente amica, diciamo così, del jet set. Si tratta di Geraldina Fiechter, cronista della « Nazione » di Firenze (sono le ore 15,24 di quel fatidico 28 luglio 1988):

37 Ma c'è una nemesi anche per i giornalisti: Rinaldi ha sostituito Valentini alla Direzione dell'« Espresso » nel giugno del 1991.

Randi: Pronto.
Geraldina: Pronto, parlo con Ilaria?
Randi: No.
Geraldina: Chi parla?
Randi: Ma, lei chi è?
Geraldina: Sono Geraldina (...)
Randi: Prego? Non ho sentito.
Geraldina: Sono Geraldina (...)
Randi: Eh, dunque. Qui non c'è nessuna Ilaria.
Geraldina: Ah, no. Allora mi sbaglio. Con chi parlo?
Randi: No, dovrebbe dirlo lei con chi vuole parlare.
Geraldina: Io volevo parlare con... io, ieri sera, sono stata con Adriano e la sua fidanzata. Sei tu?
Randi: Sì.
Geraldina: Ecco, scusami, ma io mi ricordavo Ilaria, invece... come ti chiami di nome, non me lo ricordo più.
Randi: Ho un nome straniero ed è tutto un altro mondo.
Geraldina: Ah scusa, io mi ricordavo Ilaria. Senti, volevo sapere come stai.
Randi: Bene.
Geraldina: Com'è andata.
Randi: ...abbastanza bene, cioè, è andata così come dicono le agenzie.
Geraldina: Ma, cioè, è successo tutto poco dopo, insomma, perché...
Randi: No, no. Stamattina.
Geraldina: Ah, stamattina. Ma, all'improvviso proprio, perché voglio dire...
Randi: Beh, sì, abbastanza.
Geraldina: Cioè, nessun segnale, prima.
Randi: No, no. Non direi. No. Stamattina presto.
Geraldina: Tu sei sola?
Randi: Insomma; tant sola no. Ho una quantità di amici di...
Geraldina: E lui è l è a Milano?
Randi: Sì.
Geraldina: E non ci hai più parlato?
Randi: No, no, scherzi?
Geraldina: Senti, eh... dunque, non so... così... se ti senti di dirmi delle cose, non so.

Randi: No, non mi sento di dirti proprio niente.
Geraldina: Proprio niente.
Randi: No.
Geraldina: Eh, quindi tanto bene non starai, insomma.
Randi: Ma, io sto che... cioè, io non ti conosco, non so niente di te, trovo un po'...
Geraldina: Sì, certo...
Randi: ...scortese la tua telefonata.
Geraldina: Scortese?
Randi: Ma, non so cosa... cioè, sento delle macchine da scrivere nel...
Geraldina: No, infatti no. Credevo che tu sapessi: io lavoro alla «Nazione».
Randi: No, io non so niente di te. Non so chi sei, non so come sei fatta...
Geraldina: Ci siamo visti ieri sera...
Randi: Io non mi ricordo di averti vista scusami. Forse c'era molta gente...
Geraldina: Ero seduta accanto ad Adriano su quel divanetto.
Randi: Sì, ma io sono arrivata tardi, per cui non abbiamo parlato molto.
Geraldina: No, no, certo, infatti.
Randi: Comunque, insomma, io penso che... io capisco che voi dovete fare il vostro mestiere e tutto quanto, però, insomma, non penso che mancano le notizie, insomma, no?
Geraldina: No, no, infatti non mancano. Però certo era... cioè sentire direttamente voi, era più... mi sembrava più corretto.
Randi: No, ma io non ne ho voglia di... cioè, quelle notizie che escono vanno benissimo, insomma. Poi, fare delle cose di altro genere... per me non è interessante.
Geraldina: Va bene, ok.
Randi: Scusami, eh?
Geraldina: Ciao.
Randi: Ciao.

Bisogna riconoscere alla cronista della «Nazione» del talento. Non si qualifica, mentre avrebbe l'obbligo professionale di farlo; si presenta come un'amica, ma non sa nemmeno il nome della sua interlocutrice; a Randi dà subito del tu, con fare tanto insinuante quanto complice e cordiale; le chiede addirittura di confidarsi, («Sei sola?», «se ti senti di dirmi delle cose») offrendole quasi la sua spalla per uno sfogo; fa finta, infine, di cadere dalle nuvole quando Randi intuisce che sta parlando con una giornalista che vuole estorcerle delle informazioni. Che cosa non si fa per uno scoop! Anche l'attrice...

Ed ecco la trascrizione di un'altra telefonata (ore 18,44). A chiamare questa volta è un amico, diciamo così, politico:

Giuseppe: Pronto.
Randi: Sì?
Giuseppe: Vorrei parlare con Randi per favore.
Randi: Chi è?
Giuseppe: Giuseppe di Piazza del «Messaggero».
Randi: Ci conosciamo?
Giuseppe: Io sono un amico di Adriano, lavoravo a «Reporter». E tanto tempo fa anche a «Lotta Continua».
Randi: Eh, dunque io penso che... cioè, a me mi dispiace, però se per te è lo stesso, se puoi parlare o con Marco Boato o con Alex...
Giuseppe: Io ho parlato con Marco e poi ho anche parlato con Tith [il segretario di Marco Boato, *N.d.A.*].
Randi: E allora basta, no?
Giuseppe: No, no ti volevo chiedere un'altra cosa, non volevo seccarti, per carità, siccome per fortuna devo scrivere io il ritratto di Adriano domani, volevo sapere soltanto un piccolissimo particolare, se negli ultimi tempi lui ti aveva accennato qualcosa?
Randi: No, ma assolutamente no.
Giuseppe: Assolutamente no. Infatti è una storia pazzesca per carità. Ho capito. Cosa stava facendo ora? Che lavori stava facendo?
Randi: Ti ripeto, mi dispiace, so che dovete fare il vostro lavoro, ma io non me la sento.
Giuseppe: Va bene Randi. Spero di chiamarti, insomma, nei giorni successivi per darti qualche buona notizia.
Randi: Sì, mi dispiace eh? Cioè...

Giuseppe: Per carità...
Randi: Mi rendo conto ma non... ok?
Giuseppe: Grazie tante.
Randi: Ciao.
Giuseppe: Ciao.

A una lettura superficiale questa breve telefonata può apparire innocua. In realtà c'è una domanda del giornalista del «Messaggero» sicuramente micidiale. Giuseppe di Piazza – cronista giudiziario – non può non sapere, mentre la lascia cadere come se nulla fosse, la gravità, proprio dal punto di vista giudiziario, della sua domanda: «Negli ultimi tempi lui ti aveva accennato qualcosa?». Se la Krokaa avesse risposto di sì, gli inquirenti avrebbero avuto in mano una mezza prova delle responsabilità di Sofri.

Perché? Perché al momento dell'arresto sono trascorsi ben sedici anni dall'omicidio Calabresi. E se a distanza di sedici anni Sofri avesse confidato alla sua compagna che paventava un arresto o qualcosa del genere, avrebbe voluto dire quantomeno che qualcosa sulla coscienza gli pesava.

E tutto questo l'ex redattore di «Reporter» e di «Lotta Continua» nonché – come lui assicura – amico di Adriano Sofri, lo gabella come un «piccolissimo particolare».

Poco dopo, alle ore 19,04, Randi viene chiamata al telefono da un'altra «amica politica». Si tratta della cronista giudiziaria del quotidiano «il manifesto», Daria Lucca.

Randi: Pronto?
Daria: Buongiorno, senta vi chiamo per conto di Rina Gagliardi [la direttrice del quotidiano, *N.d.A.*] del «manifesto» e vorrei parlare con Randi. Vorrei però che lei glielo dicesse che siamo noi del «manifesto». Pronto?

Randi: Sì, no, io suppongo che la persona che cercate sia io.

Daria: Io mi rendo conto che lei non abbia voglia di rispondere, però siccome noi in qualche modo non siamo esattamente delle persone di passaggio, io, come dire, prima incerta anch'io su come fosse la situazione, ho lasciato perdere, però poi ho controllato con Rina, il numero di telefono era giusto quindi ho capito che forse lei non aveva voglia di parlare con degli estranei.

Randi: Infatti, non ho voglia di parlare con degli estranei, in particolare con chi non conosco.

Daria: Eh, lo so però noi ci conosce, per lo meno come dire, attraverso Adriano, insomma.

Randi: No, io conosco Rina.

Daria: Vuoi che ti faccia parlare con Rina?

Randi: Cosa... dunque io chiaramente, come ben sapete, non ho nulla da dire insomma.

Daria: Eh, io so, comunque io volevo sapere come era andata stamattina insomma, anche un po' di cose, perché ti puoi immaginare che come dire la notizia ha praticamente sconvolto, indubbiamente.

Randi: No. Guarda io vi posso dare semplicemente dei consigli perché io... non intendo, né sono in grado, non è affar mio.

Daria: Certo.

Randi: E vi posso consigliare caldamente di parlare innanzitutto con Marco Boato.

Daria: Ma credo che lo stiamo già cercando lui.

Randi: Lui è la persona che... che io ho cercato stamattina alle sei e mezzo, poveretto, e si sta occupando lui di tutto quanto, insomma. So che, fra l'altro, domani ci sarà una specie di conferenza stampa a Milano, e una serie di persone... aspetta... accidenti perché qui io ho, non lo so se vi rendete conto, ho dei giornalisti al cancello, qui fuori. Io sono disperata.

Daria: Eh, ma ti capisco. Chiama un avvocato e fallo venire a cacciarli se non li vuoi vedere.

Randi: No, io chiamo i carabinieri.

Daria: Oppure chiama i carabinieri.

Randi: Eh, sono già venuti stamattina. Aspetta faccio uscire il cane, così magari gli fa paura... aspetta... Pronto?

Daria: Comunque, io mi chiamo Daria perché non c'eravamo presentate, anche perché pensavamo (...) sono anonima. Senti ma stamattina com'è andata? L'hanno trattato bene?

Randi: Sì, sono stati diciamo abbastanza corretti come... a me dispiace, ma non... non me la sento.

Daria: No, ma immagino che tu (...), comunque noi abbiamo telefonato lo stesso, come dire, anche come conforto per te insomma, voglio dire che non mi aspettavo nessuna rivelazione, è semplicemente che volevo sapere intanto se c'erano stati magari momenti di tensione stamattina.

Randi: No, no, quello assolutamente no guarda, anzi.

Daria: Senti e tu sei sola lì?

Randi: No, ho un sacco di amici, non ho problemi. Ti ringrazio.

Daria: Di nulla.

Randi: Ciao.

Daria: Ciao.

Nessuna curiosità potenzialmente pericolosa dalla cronista del «manifesto», è vero. Ma sfacciataggine, invadenza, cinismo, quelle sì. Ma come? Randi Krokaa dice di essere disperata, di non poterne più dei giornalisti e lei insiste, imperterrita, a fare domande. E ha pure l'improntitudine di consigliarle di chiamare l'avvocato per scacciare i cronisti che assediano la sua casa. Perché lei, con il telefono in mano, che sta facendo?

Che coraggio, però, questi giornalisti! Sprezzanti del pericolo – del cane, dei carabinieri, dell'avvocato nonché delle salatissime bollette telefoniche – tormentano la povera Randi dai quattro punti cardinali. Che gliene frega a loro dello stato in cui si trova la compagna di Sofri. Del suo dolore, del suo avvilimento. Della sua stanchezza fisica, anche. Ciò che importa è lo scoop. Costi quel che costi.

Non tutti, però, possono avere un cuor di leone. C'è anche chi sceglie di defilarsi. E rinuncia addirittura a chiedere un'intervista a Randi, pur avendo la fortuna di essere stato chiamato al telefono proprio da lei. Come mai questa rinuncia? Ma perché è in vacanza, perbacco.

Dunque, sono le ore 12,13 sempre di quel 28 luglio. Randi ha da poco parlato con una sua amica alla quale ha manifestato la sua intenzione di chiamare il vicedirettore di «Repubblica» Giampaolo Pansa, nella speranza ch'egli possa rassicurarla che il suo giornale scriverà, sull'accaduto, «non notizie sbagliate. Solo giuste» (sempre quel chiodo fisso).

Ma ecco la trascrizione stenografica della conversazione:

Randi: Pronto, buongiorno sono la signora Sofri, volevo parlare con Pansa.
Pansa: Sì, sono io. Ciao.
Randi: Buongiorno.
Pansa: Ho saputo tutto.
Randi: Allora meno male.
Pansa: Eh no, sono al corrente della cosa.
Randi: Ecco.
Pansa: Quando è successo, questa notte?
Randi: Stamattina prestissimo.
Pansa: Stamattina prestissimo. So tutto perché mi ha avvisato... mi ha avvisato (...), noi anzi lo abbiamo saputo abbastanza presto.
Randi: Ah, ho capito molto bene. No, io sto telefonando a tutte le persone che si conosce...
Pansa: Certo, ma il mandato di cattura cosa dice?
Randi: Ma veramente non me lo hanno lasciato leggere.
Pansa: Ah, non te lo hanno fatto leggere.
Randi: Per cui non lo so nemmeno dove sia.
Pansa: Ho capito, ho capito.
Randi: Penso che probabilmente sia a Milano.
Pansa: Sì, infatti i giudici che hanno questa inchiesta fra le mani sono a Milano. È una storia terribile questa.
Randi: Sì, un po' noiosa.
Pansa: Speriamo, speriamo, che suo marito ne esca bene.
Randi: Eh, comunque insomma.

Pansa: Parlato con Rinaldi?
Randi: Sì, ho parlato ora.
Pansa: Perché è tornato dalle vacanze, anche lui io non so dove sia, ma credo che sia a Roma.
Randi: È a Roma, è alla redazione di Roma.
Pansa: Ho capito.
Randi: Eh, così magari anche sui giornali di evitare che vengano fuori le cose peggiori, già mi hanno detto che...
Pansa: No, no guarda. Io adesso non so. Sono in ferie. Non so cosa farà «la Repubblica», ma credo...
Randi: Ho capito.
Pansa: Si terrà in una posizione di gran cautela.
Randi: Speriamo.
Pansa: Lo spero anch'io. Lei stia tranquilla. Si affidi soprattutto a un buon avvocato.
Randi: Sì, no quello senz'altro.
Pansa: Va bene?
Randi: Va bene, la ringrazio.
Pansa: Adesso le faccio molti auguri.
Randi: Grazie, arrivederci.

Un opinionista senza opinione

Meraviglia questo atteggiamento – tra il titubante e il neghittoso – di Giampaolo Pansa. Stupisce soprattutto perché non si può non riconoscere che egli è stato ed è sempre attivissimo, in prima linea: contro i terroristi, contro i politici corrotti, contro i giornalisti reticenti e lottizzati, contro i giudici politicizzati, contro i mafiosi e così via combattendo.

Ma deve essere questa vicenda, il caso Sofri, in particolare, a non ispirarlo granché. Lo dimostra anche il più che originale commento da lui scritto per «la Repubblica» a conclusione del processo di primo grado per l'omicidio del commissario Calabresi: «Dinanzi alla sentenza qualcuno scriverà: Sofri, Pietrostefani, Bompressi e il pentito Marino pagano per il loro delitto. Altri invece diranno: giustizia è fatta, la cultura dell'emergenza ha ancora prevalso, il verdetto di Milano è un tremendo errore giudiziario. Noi non vogliamo scrivere né la prima, né la seconda cosa. E questo commento è un non commento. Non chiedeteci quale sia la nostra opinione». Per una volta «ci atteniamo alla buona regola professionale, ma anche di civiltà, che le sentenze non si esaltano né si deprecano. Le sentenze vanno accettate per quelle che sono: un giudizio di uomini su altri uomini».[38]

Sia chiaro: un opinionista, un commentatore, è padronissimo di non darla, la sua opinione, su un avvenimento. Nessuno può obbligarlo a farlo. Ma se decide di non darla, allora dovrebbe risparmiarselo, e risparmiarcelo, l'articolo. Se invece lo scrive comunque, il suo commento (anzi il «non commento», come lo definisce lo stesso Pansa), allora vuol dire che se ne vuole lavare le mani, pilatescamente.

Ma in realtà, più che Pilato, il timoroso Pansa del caso Sofri ricorda un suo illustre predecessore: l'«istoriografo» cronista del XVII secolo Giuseppe Ripamonti, la cui opera, *De peste Mediolani quae fuit anno 1630*, servì al Manzoni, per *I Promessi Sposi* e per *Storia della colonna infame*. Il «non commento» del Pansa assomiglia infatti in modo impressionante allo scritto del Ripamonti, nel momento in cui questi si accinge a raccontare le vicende del commissario di sanità Guglielmo Piazza e del barbiere Giangiacomo Mora, processati e giustiziati con l'assurda accusa di aver diffuso la peste a Milano, imbrattando con

[38] «la Repubblica», 3-5-1990

mortiferi unguenti le porte di alcune abitazioni a Porta Ticinese.

«Se io dicessi che non ci furono untori» scrive il Ripamonti «che senza ragione si va a immaginar malizia degli uomini in ciò che fù punizion di Dio, si griderebbe che la (mia) storia è empia, che l'autore non rispetta un giudizio solenne. Tanto l'opinion contraria è radicata nelle menti, e la plebe credula al solito, e la nobiltà superba son pronti a difenderla, come quello che possono aver di più caro e di più sacro. Mettersi in guerra con tanti sarebbe un'impresa inutile e dura; *e per ciò, senza negare, né affermare né pendere più da una parte che dall'altra, mi restringerò a riferir l'opinion altrui.*»

Un bel pesce in barile, il Ripamonti. Ma aveva paura del Sant'Uffizio (l'ex tribunale dell'Inquisizione, con il quale aveva già passato dei guai): e per questo lo si può anche capire e perdonare. Come fece il cattolicissimo Manzoni.

Un primato d'epoca

Intervista di «Epoca» al vicesegretario democristiano Guido Bodrato. «Bodrato» scrive l'intervistatore Maurizio Marchesi, presentandolo ai suoi lettori «ha 63 anni, è deputato dal 1968, è stato più volte ministro e, durante la segreteria di Benigno Zaccagnini, ha cogestito la politica di solidarietà nazionale. Vive a Chieri: un piccolo paese sulla collina torinese, considerato in Piemonte "il paese dei preti" (lì è nato anche il cardinal Martini). A Roma alloggia in un convento dalle parti di Corso Rinascimento alle spalle del Senato. Un fratello, Aldo, è teologo del dissenso. Un figlio, Pietro, fa l'aiuto regista alla Rai.»[39]

[39] «Epoca», 25-11-1989

Senonché: A) Bodrato ha 56 anni[40] e non 63; B) Chieri non è un piccolo paese, ma una cittadina di oltre 36.000 abitanti; C) il cardinale Carlo Maria Martini è nato a Torino e non a Chieri; D) il fratello Aldo è insegnante di filosofia e non teologo; E) il figlio si chiama Piero e non Pietro; F) Piero svolge la sua attività di aiuto regista non alla Rai ma da libero professionista.

Riuscire a fare ben sei errori in sole otto righe non è da tutti. Ci vuole talento. Che si sappia, si tratta di un record imbattuto.

Scandalo a Parigi

Un piccolo accenno, infine, ai «falsari semantici». A quei giornalisti, cioè, i quali credono che la logorrea sia una malattia venerea; che smoccolare significhi pulire il naso; e che il sibarita sia l'abitante della Siberia. Semplicemente perché non conoscono il significato di alcune parole usate nei loro articoli. E, ciononostante, si guardano bene dal consultare qualsiasi enciclopedia o un vocabolario.

I corrispondenti da Parigi di tutti i quotidiani pubblicano la notizia che due importanti personalità francesi – un ministro del governo Rocard e il presidente di una Tv di Stato – sono stati accusati di essersi procurati (grazie ai bassi servigi di un agente segreto) un diciottenne per i loro appetiti sessuali. Per tutti si tratta di una squallida vicenda gay, una brutta storia di omosessuali. Solo per Ulderico Munzi – corrispondente del «Corriere della Sera» – è una storia di «pedofili».[41]

[40] Oggi qualcuno di più. Ma quando comparve l'articolo gli anni erano esattamente 56.
[41] «Corriere della Sera», 21-10-1990

Ma secondo l'enciclopedia Treccani per pedofilia s'intende quella «perversione sessuale caratterizzata da attrazione erotica verso i fanciulli, indipendentemente dal loro sesso». E l'oggetto del desiderio dei due vip – che semmai si potrebbero definire pederasti – non è certo un fanciullo. Ha diciotto anni.

Forse si rischia di pedanteggiare, ma è come confondere un pediatra con un pedagogo, un peduncolo con un pediluvio, un pedaggio con un pedalino.

III

Citazione ad effetto, giornalista perfetto

Un tempo bastava citare la Bibbia, Aristotele, Dante e Manzoni. Piccoli sfoggi di cultura, e il giornalista appagava la sua vanità mostrando di conoscere a menadito la religione, la filosofia e la letteratura, oltre che, naturalmente, la materia nella quale si era specializzato.

I lettori erano poco esigenti, e si accontentavano.

In genere le citazioni erano corrette: in redazione c'erano sempre un'enciclopedia, una Bibbia, *La Divina Commedia* e *I promessi sposi* da consultare.

Oggi sono cresciute a dismisura le esigenze dei lettori, insieme alla vanità dei giornalisti. Difficili, difficilissimi da coniugare, visto che un giornalista che si rispetti non può fare a meno di citare (oltre a Dante, Manzoni e Aristotele, naturalmente): Kant e Freud, Sciascia e Kafka, Tomasi di Lampedusa e Brecht, Shakespeare e Pirandello, Machiavelli e Wittgenstein, Saffo e Omero, Montale e almeno altri due poeti (a scelta), Kraus e Heidegger. E moltissimi altri. Insomma, così tanti che per verificare se una citazione è corretta ci vorrebbe un'enorme biblioteca. E soprattutto parecchio tempo per consultarla. Ma i giornalisti, oggi, tempo da perdere non ne hanno. Del resto, basta che la citazione faccia effetto...

Kafka amareggiato

Sul «Giornale» di Montanelli, Elisabetta Fiorentini – nella sua rubrica *Dietro la lavagna* dedicata ai problemi della scuola – consiglia ai genitori come orientarsi per scegliere, fra le scuole superiori, quella che dia ai loro figli garanzie maggiori di un buon avvenire. «Si indirizzino i ragazzi» scrive la Fiorentini «a quei corsi di studio che tengono in onore la letteratura e la filosofia.» Perché? Perché, riflettendo sul fatto che il presidente della Cecoslovacchia, il drammaturgo Vaclav Havel, «si è insediato nel kafkiano Castello di Praga», si capisce che «ci aspettano tempi straordinari in cui ci sarà molto bisogno di poeti e di scrittori».[1]

Senonché il Castello di Praga (conosciuto anche come Hradcany) dove si è insediato il presidente Havel, da secoli sede del potere centrale in Cecoslovacchia, non è *Il Castello* di Kafka. Nel celebre romanzo del grande scrittore boemo, il castello dove l'*agrimensore K.* non riesce mai ad entrare domina, su una collina, un piccolo villaggio di contadini, e non una grande città. Dei numerosi studiosi delle opere kafkiane, solo Klaus Wagenbach ha creduto di identificare la meta irraggiungibile dell'agrimensore K. nel castello di Wossek, che domina un piccolo villaggio distante oltre cento chilometri da Praga. Ma tutti gli altri studiosi, (fra i quali il nostro Pietro Citati) non

[1] «il Giornale», 2-4-1990

hanno mai avvalorato la scoperta: il castello di Kafka è un luogo di fantasia.

Tuttavia l'identificazione del castello kafkiano con l'Hradcany praghese è un luogo comune duro a morire. Il nostro presidente della Repubblica è in visita di Stato a Praga? Ecco Fabio Isman, sul «Messaggero» di Roma scrivere che «Cossiga arriva al Castello di Praga: che è quello di Kafka».[2]

«Epoca» pubblica un articolo su Vaclav Havel? Ecco l'autore, Giancesare Flesca, scrivere che il «Castello» è rimasto «anche ora quel che Kafka ha descritto nel suo romanzo: un labirinto dove i più elementari diritti dell'uomo vengono rovesciati».

E, immaginando un dialogo fra lo scrittore e Havel, Flesca fa dire a quest'ultimo: «La prego, la scongiuro, Maestro illustre, venga con me un momento a vedere com'è diventato il "Castello" dei suoi racconti e dei suoi incubi. Venga, la prego!».[3]

Proviamo a sostituire quella scritta da Flesca con un'altra (sempre immaginaria, ma verosimile) risposta di Kafka: «Signor Presidente, sono stupito e amareggiato. Ma come, lei, un drammaturgo, un uomo di cultura, non sa che "il Castello" dove risiedo non ha niente a che vedere con *Il Castello* del mio romanzo? E perdipiù fa confusione con *Il processo*: è in quest'altro mio romanzo – questo sì, ambientato a Praga – che vengono calpestati i più elementari diritti dell'uomo. Che fa, non l'ha letto? Ma sì che l'ha letto. Ricorda? Il protagonista, Josef K., è accusato, processato e giustiziato. Ma lui non saprà mai per quale reato.

[2] «Il Messaggero», 4-7-1991

[3] «Epoca», 27-5-1990

«Nell'altro romanzo invece – ha letto anche questo, è vero? – il protagonista è l'*agrimensore K.*, che non riesce mai a varcare la soglia del castello. Il quale sovrasta, su una collina, un villaggio di contadini e non una grande e bella città come la nostra Praga. E l'unico diritto per il quale il protagonista combatte, affinché gli venga riconosciuto, è quello di essere nominato agrimensore. Che confusione, signor Presidente, che confusione.

«E adesso mi lasci andare. Mi lasci tornare lassù. Voglio tirare un'altra volta le orecchie al mio amico Max Brod: glielo avevo detto di distruggere i miei manoscritti dopo la mia morte!».

Brecht e Mamma Orsa

Un altro luogo comune, di matrice per così dire «letteraria», riguarda Brecht e la sua *Madre Coraggio*.

Se una madre denuncia alla magistratura il figlio tossicodipendente, è una «madre coraggio», scrivono tutti i giornali. Se a Palermo o a Napoli le mamme scendono in piazza per chiedere l'intervento delle forze dell'ordine contro gli spacciatori che infestano il loro quartiere, sono «madri coraggio» palermitane e napoletane che sfidano la mafia e la camorra, si legge sul «Giornale di Sicilia» come sul «Corriere della Sera», sul «Mattino» di Napoli come sulla «Stampa».

Così, quando a Washington una donna, Alice Frazier, riesce, con l'aiuto dei vicini da lei mobilitati, a ripulire il suo quartiere dagli spacciatori di crack, Vittorio Zucconi, sull'«Espresso» ce ne parla come di una «madre coraggio» americana.[4]

[4] «L'Espresso», 16-6-1991

E «madri coraggio» sono, per «Il Giorno»[5] «le madri serbe e croate che occupano il Parlamento di Belgrado» per far cessare la guerra civile jugoslava.

Ma, *Madre Coraggio* è la protagonista di un celebre racconto dello scrittore tedesco Hans Jakob Christoffel von Grimmelshausen, che ispirò a Bertold Brecht il famoso dramma *Madre Courage e i suoi figli* (*Mutter Courage und ihre Kinder*). La protagonista, Anna Fierling, è una creatura spregevole. Vivandiera al seguito degli eserciti nella Guerra dei Trent'anni, pensa solo al denaro, agli affari. «Iena del campo di battaglia», la madre coraggio brechtiana, sempre avida di guadagni, continua a profittare della guerra e dei suoi orrori anche quando le muoiono i suoi tre figli, alla quale era legata da una forma d'attaccamento animalesco.

Nessuna analogia, dunque, tra l'unica, vera *Madre Coraggio* e le nobili figure di madri che i giornalisti vorrebbero descriverci.

Ma tant'è: se è vero quel che diceva lo scrittore americano Ambrose Bierce, e cioè che i giornalisti riescono a trasformare «lo squittio di un topo nel ruggito di un leone», non ci si può meravigliare se parlano di una iena come fosse Mamma Orsa.

Mackie, Renzo e Lucia

A un altro dramma di Brecht, *L'Opera da tre soldi*, si ispira Eugenio Scalfari in un suo editoriale sulla «Repubblica» dal titolo «Mackie Messer ha il coltello ma vedere non lo fa...».[6]

5 «Il Giorno», 6-7-1991
6 «la Repubblica», 13-1-1990

Scalfari è preoccupato: forse la « guerra di Segrate » sta per concludersi con la sua sconfitta, e la sua creatura, il quotidiano da lui fondato e gloriosamente diretto per quattordici anni, potrebbe finire nelle mani di Silvio Berlusconi.

Ecco perché a Scalfari « La veridica storia di Mackie Messer ricorda molte storie e molti personaggi dei giorni nostri ».

Macheath, detto Mackie Messer, protagonista della commedia brechtiana, è un bandito, anzi il capo di una banda di gangster londinesi: un simpatico puttaniere. Ma anche ladro e assassino.

Viste le qualità del personaggio da lui evocato, e da cui si sente braccato, si può comprendere allora perché il direttore di « Repubblica » sia così preoccupato e amareggiato. Dei tanti Mackie Messer della « Storia italiana di questi anni » scrive « nessuno, possiamo starne certi, finirà impiccato come il protagonista dell'opera ».

Scalfari ha ragione: nessuno finirà impiccato. Proprio come il protagonista principale dell'*Opera da tre soldi*. Che non si conclude con l'impiccagione di Mackie Messer, bensì con un *happy end*.

Il boia sta per mettere la corda al collo del bandito, quando arriva un messo reale a cavallo. « *Per volere della Regina* » dice il messaggero « *il capitano Macheath viene immediatamente rimesso in libertà. Gli viene in pari tempo conferita dignità nobiliare e il castello di Mamarel e la rendita di un vistoso patrimonio fino al termine dei suoi dì.* » Più lieto fine di così.

Questa bizzarra visione scalfariana dell'ultimo atto dell'*Opera da tre soldi* può forse aiutare a capire come mai la « guerra di Segrate » si sia conclusa con la separazione, dopo un lungo fidanzamento, del gruppo De Benedetti-Caracciolo-« L'Espresso » dalla Mondadori.

Il fatto è che, come per Renzo Tramaglino e Lucia Mondella, nel libro del destino stava scritto che *non* si sarebbero mai sposati.

Meno se ne parla, meglio è

Alla vicenda di Montale – che negli anni cinquanta, sul « Corriere della Sera », pubblicava, con la sua firma, recensioni (a libri inglesi e americani) che si faceva scrivere da un grande critico letterario statunitense, Henry Furst – dozzine di giornalisti (ma anche di non giornalisti) dedicano centinaia di articoli.

Tra i non giornalisti, Pietro Ingrao, autorevole dirigente comunista (e poeta a tempo perso) la butta in politica. Scrivendo sul « manifesto » che Eugenio Montale aveva ben diritto a questa piccola frode. Visto che in questa società non riesce a un poeta di fare la sua ricerca « in ozio ». Ma, al contrario, lo costringe, se vuole campare, a fare un lavoro, che non è il suo, come quello di critico letterario. Insomma, questa società, questo mondo « in cui la merce, il denaro, lo scambio sono entrati trionfalmente nell'industria culturale » la frode montaliana se la sono proprio meritata.[7]

In polemica con Ingrao scende in campo, nel paginone culturale di « Repubblica », Beniamino Placido. Placido contesta uno per uno gli argomenti portati da Ingrao a sostegno del diritto di frode del poeta, dicendosene scandalizzato e irritato.

[7] « il manifesto », 26-10-1989

Poi tira fuori un suo vecchio taccuino, dove ha annotato « una singolare confessione in versi del poeta Giorgio Caproni ». Eccola: « *Come sono felice / dopo una recensione / mettere il libro di merda / lodato / in un cassettone* ». Se ci facciamo scrivere le recensioni da altri – è il commento di Placido – o se pur scrivendole noi, non le condividiamo, tanto da considerarle di merda « staremmo freschi. Noi e i nostri lettori ».[8]

Giusto? Giustissimo. Peccato che gli appunti di Placido erano sbagliati. Infatti i versi del poeta suonano in realtà così:

> « *Come sono felice*
> *dopo una recensione*
> *mettere il libro lodato*
> *– merda! – in un cassettone* ».

L'imprecazione cambronniana – spiega lo stesso Caproni in una lettera alla « Repubblica » – indica la gran fatica, la pena che il lavoro di critica costa al poeta. E non certo che egli ha scritto recensioni false e ipocrite.[9]

Forse da questa vicenda scatologica si può trarre la morale che di merda meno si parla, anzi si scrive, meglio è. Il perché ce lo dice lo stesso Montale nella sua poesia *Pasquetta*:

> « *C'è chi si immerge e c'è chi non s'immerge.*
> *C'est emmerdant si dice da una parte*
> *e dall'altra. Chissà da quale parte*
> *ci si immerda di meno...* ».

[8] « la Repubblica », 2-11-1989

[9] Tanto è vero che Caproni le sue recensioni, poco prima di morire, le raccolse in un libro.

Quando piove sul bagnato

Ma con la vicenda Montale-Ingrao-Caproni-Placido si può pure dimostrare come i danni causati dal pressappochismo possano moltiplicarsi, e continuare a far male anche per anni.

L'articolo di Beniamino Placido con l'errata citazione dei versi di Caproni è stato pubblicato in un libro, *Lo specchio di carta* (Il pensiero Scientifico Editore), in cui sono raccolti, come dice il sottotitolo, «epigrammi, aforismi, frasi e brani sul leggere, lo scrivere, il libro e dintorni». Così anche i lettori di questo libro si saranno fatti una pessima opinione del poeta Giorgio Caproni. E continueranno a farsela. Perché il volume, uscito nel gennaio del 1990, (l'articolo di Placido è dell'89) è tuttora in libreria.

E la gente che ha letto i cento e cento articoli sulla «truffa» di Montale che impressione ne avrà tratto? Montale è sempre un gigante della poesia contemporanea o è un vile plagiario?

Fortunatamente la gente dimentica i casi montati, gonfiati a dismisura dai giornali. Avrà dimenticato questo come altri analoghi processi postumi su cui sono stati versati fiumi di inchiostro: lo scrittore Elio Vittorini non è certo finito per la scoperta – strombazzata dai mass media – che si faceva fare alcune traduzioni dalla signora Rodocanachi. E Cesare Pavese non è stato scalfito dalla rivelazione – anch'essa divulgata con gran clamore dalla stampa – che lui, scrittore antifascista e comunista, era più che indulgente nei confronti di Mussolini, della guerra e del fascismo.

Montale, poi, non è stato nemmeno sfiorato dal «caso Furst». Che è servito, semmai, per mettere ancora una volta alla prova l'eccezionale sensibilità dell'autore di *Ossi di seppia*.

Montale, infatti, sembra avesse presagito il gran polverone che l'avrebbe investito otto anni dopo la sua morte. Un presagio (ma forse si tratta dello sconfinato potere divinatorio del genio) che chiunque può decifrare in questi versi della sua poesia *Per finire*:

> «*Raccomando ai miei posteri*
> *se ne saranno*
> *in sede letteraria,*
> *il che resta improbabile, di fare*
> *un bel falò di tutto che riguardi*
> *la mia vita, i miei fatti, i miei nonfatti.*
> *Non sono un Leopardi, lascio poco da ardere*
> *ed è già troppo vivere in percentuale.*
> *Vissi al 5 per cento, non aumentare*
> *la dose. Troppo spesso invece piove*
> *sul bagnato*».

Via Pál, Praga

Il poliedrico Beniamino Placido non si occupa solo di televisione e di letteratura, si occupa anche di sport.

Durante i campionati mondiali di calcio del 1990 Placido scrive sulla «Repubblica» un commento alla partita vinta dall'Italia contro la Cecoslovacchia 2 a 0.

Secondo Placido i cecoslovacchi hanno perso soprattutto per colpa di uno dei loro calciatori, tale Nemecek. Decide quindi di mettersi «in contatto con la biblioteca centrale di Praga per vedere un po' se questo Nemecek, loro numero 20, è lo stesso Nemecek che guidava i "ragazzi della via Pál". Che erano perennemente impegnati in guerre sfortunate, che eroicamente perdevano. O lacrimosamente vincevano. È lui. È proprio lui. Sotto la sua guida i cecoslovacchi hanno eroicamente perso».[10]

Perché Placido si sia messo in contatto con la biblioteca di Praga rimane un mistero: la via Pál è (esiste tutt'ora) a Budapest. E in questa città è, ovviamente, ambientato il celebre romanzo di Ferenc Molnár *I ragazzi di via Pál*.

Un enigma avvolto nel mistero, se non un errore madornale è, poi, l'aver paragonato il Nemecek calciatore con il Nemececk ragazzo che gioca alla guerra. Perché se il Nemecek cecoslovacco guida i suoi alla sconfitta, il piccolo Nemecek ungherese non guida mai nessuno. Anzi «*l'esercito dei ragazzi*» si legge nel romanzo di Molnár «*era composto da capitani, tenenti e sottotenenti. Di soldati semplici, purtroppo, non ve n'era che uno, uno solo*».

È superfluo dire che l'unico soldato semplice era Nemecek, il piccolo biondo Nemecek.

Un maestro di preterizione

Neanche un grande scrittore come Alberto Moravia seppe resistere alla tentazione di scrivere sui Mondiali di calcio. «Continuamente, in questi giorni febbrili» scrive Moravia sulla prima pagina del «Corriere della Sera»[11] «mi si chiede la mia opinione sui Mondiali. Giornalisti e registi televisivi si stupiscono quando rispondo che non ho niente da dire. Eppure è la verità: non frequento gli stadi, non capisco nulla del gioco del calcio.» Seguono 297 righe

[10] «la Repubblica», 20-6-1990
[11] «Corriere della Sera», 13-6-1990

sul fenomeno del calcio, e il riconoscimento che «il gioco del calcio [di cui Moravia confessa di non capire niente, *N.d.A*] è un bellissimo gioco».

Sia chiaro: non c'è niente di male a dichiarare di non voler parlare di qualcosa... per parlarne. Si tratta di una figura retorica, detta preterizione, usata anche da grandissimi poeti e scrittori come Francesco Petrarca e Alessandro Manzoni. Famosissima è la preterizione del Petrarca ne *La canzone d'Italia* (ricordate? «Italia mia benché 'l parlar sia indarno»). «Cesare taccio», canta il poeta. Ma poi ci racconta delle guerre vittoriose del grande condottiero romano contro i barbari.

E il Manzoni dei *Promessi Sposi*, dopo la rivelazione a Renzo che è Don Rodrigo ad opporsi alle sue nozze, così ci narra del battibecco fra Perpetua e Don Abbondio: «*Risparmio al lettore i lamenti, le condoglianze, le accuse, le difese, i "voi sola potete aver parlato", e i "non ho parlato", tutti i pasticci insomma di quel colloquio*».

Tuttavia la figura retorica di Petrarca è di tre versi e quella di Manzoni di appena due righe. Le 297 righe di Moravia rappresentano quindi un bel record.

Il maestro di *Vita interiore* e di *Avventura*, di *Indifferenza* e di *Disubbidienza*, di *Conformismo* e di *Disprezzo*, di *Noia* e di *Attenzione* era, dunque, anche maestro di *Preterizione*.

Todo modo capitolino

Dopo la morte di Leonardo Sciascia non passa giorno senza che i giornali ne ricordino la poetica, la filosofia, le opere, l'impegno politico e civile, citandolo nei loro articoli di cronaca, di politica, persino di economia.

«Il Tempo» di Roma in un corsivo di terza pagina (a firma Ruggero Marino), denuncia il degrado di piazza Montecitorio. «Una piazza spazzatura fra cartelli abbandonati e resti di affrettati sit-in, in una capitale stile *Todo modo*, eletta da Elio Petri e Leonardo Sciascia a immagine di un destino da anni di piombo.»[12]

Todo modo? E che c'entra *Todo modo* con Roma e il suo degrado? Questo romanzo del grande scrittore siciliano è ambientato dalla prima all'ultima pagina in Sicilia, in uno stranissimo albergo: L'eremo-hotel Zafer. Dove vengono assassinati alcuni personaggi eccellenti che seguono un corso di esercizi spirituali.

Naturalmente – e non poteva essere altrimenti – neanche nel film di Elio Petri, liberamente tratto dal romanzo, c'è una sola sequenza, una sola immagine della capitale. Che certo Sciascia non amava, anche se la conosceva bene. O meglio, proprio perché la conosceva bene. E forse per questo non vi ambientò nessuno dei suoi romanzi.

Angelica trama...

Giancarlo Perna scrive per «Chorus» un articolo su Eugenio Scalfari, il direttore di «Repubblica». Un articolo arricchito da numerose fotografie: in una Scalfari assiste «nel 1976 ad un dibattito per il referendum della legge sul divorzio»; in un'altra è «al Congresso del Psi nel 1971».[13]

Ebbene, il referendum per abrogare la legge sul divorzio si tenne nel 1974 e non nel 1976. E nel 1971 non ci

[12] «Il Tempo», 29-11-1989
[13] «Chorus», 3-1990

fu alcun Congresso del Psi: il 38° si celebrò a Roma nel 1968, il 39° a Genova nel 1972.

Nello stesso numero, in un breve articolo non firmato, «Chorus» scrive del progetto del regista Mauro Bolognini di girare un film tratto «dalle ultime venti, trenta pagine del *Gattopardo* di Tomasi di Lampedusa» (che Luchino Visconti non utilizzò per il suo famoso film). In queste pagine, secondo «Chorus», Tomasi di Lampedusa racconta, fra l'altro, «di Angelica che tesse trame sociali».

Peccato che Angelica tutto fa, nelle ultime pagine del romanzo, tranne che tessere trame sociali. Tomasi racconta che Angelica Sedara in Falconieri si incontra con le cognate alle prese con le false reliquie; che «legge libri di France, di Bourget, di D'Annunzio e della Serao»; che fa parte del comitato d'onore per le celebrazioni del «cinquantenario di Mille»; che studia «l'architettura dei castelli francesi della Loira»; che, infine, ha «una relazione galante» con il senatore Tassoni, un vecchio amico del marito, Tancredi. Se questo è tramare...

Vittima di una odiosa trama, forse ordita dal Grande Bibliotecario, è, semmai, proprio «Chorus». Già, perché «Chorus» è il mensile della Leonardo Mondadori, presentatosi ai suoi lettori, fin dal primo numero, con una promessa tanto azzardata quanto impegnativa: nelle nostre pagine, niente errori. Basta con i nomi e le date sbagliate; è ora di finirla con le citazioni a sproposito di autori, opere, luoghi, avvenimenti eccetera.

Noi di «Chorus», a differenza di tutti gli altri giornali, sempre pieni di strafalcioni, abbiamo una marcia in più: una équipe di *checkers*. Un gruppo di «cacciatori di errori», cioè, armati di enciclopedie, atlanti, vocabolari, libri di storia e quant'altro è necessario per verificare l'esattezza, parola per parola, degli articoli già pronti per la tipografia.

Tuttavia, quell'orditore del Grande Bibliotecario – forse in combutta con ignoti – per «Chorus» non ha voluto acquistare né libri sulla battaglia per il divorzio, né libri sulla storia del Psi. E neanche *Il Gattopardo*, che pure non dovrebbe mancare in nessuna biblioteca che si rispetti, visto che è risultato il romanzo «più amato dagli italiani», in un sondaggio fatto nel 1985 da «Tuttolibri», l'inserto culturale della «Stampa».

...E Tancredi si compromette

E al «Messaggero» il Grande Bibliotecario l'ha fatto il suo dovere? L'ha rifornita, la biblioteca, di una copia del *Gattopardo*? Se l'ha fatto, il critico cinematografico del quotidiano romano, Gloria Satta, non ne ha saputo approfittare quando anche a lei è capitato di scrivere un articolo sul progetto di Mauro Bolognini.

Secondo la Satta, infatti, il materiale per il film «viene fornito dagli ultimi tre capitoli del romanzo di Tomasi, uno dei quali addirittura inedito». Capitoli nei quali si narra, tra l'altro, che «Angelica è piena di amanti e Tancredi è un uomo politico compromesso con la mafia».[14]

Ebbene, in nessun capitolo del *Gattopardo* Tancredi risulta compromesso, anche minimamente, con la mafia; e di Angelica Giuseppe Tomasi di Lampedusa ha scritto che ha avuto un solo amante, il senatore Tassoni (che abbiamo appena incontrato). Con il quale – si legge nell'ottavo e ultimo capitolo – «aveva avuto una breve relazione ga-

[14] «Il Messaggero», 21-8-1991

lante trent'anni prima, e conservava quella insostituibile intimità conferita da poche ore passate fra un medesimo paio di lenzuola».

In verità, oltre a quella tra le lenzuola col Tassoni, un'altra mezza avventura (ma sia chiaro: solo mezza), Angelica avrebbe potuto averla se Tomasi di Lampedusa avesse scritto un capitolo che aveva immaginato e di cui parlò al figlio Gioacchino Lanza Tomasi. Ma «ne scrisse poche pagine» ha rivelato quest'ultimo in un articolo su «La fiera letteraria» del marzo 1968 «e non si sa che fine abbiano fatto». Dunque non essendo mai stato scritto, non si tratta di un «capitolo inedito», come afferma il cinecritico del «Messaggero». Semmai si tratta di un capitolo appena concepito e poi abortito.

Comunque sia «in questo capitolo» ha scritto Gioacchino Lanza Tomasi nell'articolo su «La fiera», «per salvare Angelica da un ricatto, il principe la precede nella casa d'appuntamenti dove avrebbe dovuto incontrare il suo amante. I due stanno per rivelarsi l'un l'altro come le sole due intelligenze della vicenda, ma non varcano il fosso e rientrano nella regolarità delle proprie famiglie».

Come si vede solo una «mezza avventura» sarebbe stata la trama di questo capitolo che (fortunatamente?) non vide e non vedrà mai la luce. In ogni caso Angelica – arbitrariamente trasformata da Gloria Satta in una specie di ninfomane – di amanti ne avrebbe avuto solo e soltanto uno: il senatore Tassoni.

Ancora più arbitrario è sostenere che Tancredi si compromette con la mafia.

«Tancredi» si legge nel penultimo capitolo del *Gattopardo* «era deputato, gli era stata promessa la legazione di Lisbona, conosceva molti fatterelli segreti e sapidi.»

Quindi niente mafia e niente mafiosi. Tancredi non se ne sporca mai le mani, né in questo né negli altri capitoli del romanzo.

Dove del resto di un « uomo d'onore » si parla solo a proposito delle vicende familiari di padre Pirrone, a San Cono. L'uomo d'onore è Vincenzino, il cognato del gesuita: « uno di quegli imbecilli violenti capaci di ogni strage ».

Rimane da chiarire perché la giornalista del « Messaggero » abbia calunniato Angelica e Tancredi, due personaggi innocui, immaginari, che proprio per questo non possono né potranno mai difendersi con smentite o con querele.

Forse perché, come diceva Victor Hugo, « *la calunnia nei giornali è come l'erba di un prato: spunta da sola. Ecco perché i giornali a me sembrano tutti d'un bel verde* ».

Venti anni dopo

Fateci caso. Quasi tutti i romanzi da cui viene tratto un film hanno un destino in comune: subiscono falsificazioni, alterazioni, manipolazioni dai giornalisti che dedicano loro degli articoli. Il perché è facile intuirlo: i giornalisti non li leggono (o non li rileggono) i romanzi prima di scrivere sull'evento letterario-cinematografico. Se poi il film tratto dal romanzo è stato diretto (come *Il Gattopardo*) da Luchino Visconti, le falsificazioni si possono ripetere anche a distanza di venti anni.

Nella sua rubrica *Che altro c'è da leggere*, Bruno Kandler presenta ai lettori di « Panorama » « *La morte a Venezia* di Thomas Mann (pp. 176, lire 9000) Feltrinelli. Ristampa che comprende *Tonio Kröger* (il romanzo breve da cui Visconti trasse il film *Morte a Venezia*) e *Tristano* ».[15]

[15] « Panorama », 4-8-1991

Visconti trasse *La morte a Venezia* dal *Tonio Kröger*? E dal romanzo *La morte a Venezia* che film fece Luchino Visconti? *Senso*? *Vaghe stelle dell'Orsa*? *Rocco e i suoi fratelli*?

Naturalmente lo splendido film *La morte a Venezia* del grande regista italiano è la versione cinematografica dell'omonimo romanzo di Thomas Mann, non del *Tonio Kröger*.

Il film uscì nel 1971... ben venti anni prima, dunque, dell'articolo di «Panorama».

L'autorecensione di un'autobiografia

Sulla sua autobiografia *Il Provinciale, settant'anni di vita italiana*, Mondadori Editore, Giorgio Bocca scrive una recensione. E racconta, tra l'altro, di quando si trasferì da Torino a Milano, la metropoli lombarda capitale morale dell'Italia. «Ero un po'» scrive Bocca sul mensile «Prima comunicazione» «come il Rastignac di Stendhal che va alla conquista di Parigi, con quella curiosità diffidente, quella speranza di trovare il Santo Graal, i segreti del successo e della felicità che i provinciali rincorrono nelle metropoli».[16]

Il Rastignac di Stendhal? Dunque, vediamo: Julien Sorel ne *Il Rosso e il Nero*, Fabrizio Del Dongo ne *La Certosa di Parma*, Henry Brulard ne *La vita di Henry Brulard*, Octave De Malivert in *Armance*, Lucien Leuwen in *Lucien Leuwen*. No, fra i personaggi del grande scrittore francese Henry Beyle, detto Stendhal, non c'è alcun Rastignac. Chi è allora questo signore, e chi lo ha ideato?

[16] «Prima Comunicazione», 9-1991

Rastignac è un personaggio balzachiano. Anzi: è, forse, il più balzachiano dei numerosissimi personaggi creati dalla incontenibile, geniale fantasia dello scrittore (contemporaneo di Stendhal) Honoré de Balzac.

Eugène de Rastignac compare per la prima volta in *Papà Goriot* il romanzo che si conclude proprio con la sua promessa-minaccia (« A noi due, ora »), rivolta a Parigi, di conquistarla. E ricompare in altri quattro romanzi: *Illusioni perdute*, *Splendori e miserie delle cortigiane*, *La casa Nucingen*, *I segreti della principessa di Cadignan*. E Rastignac mantiene la promessa: diventa ricco, influente, ministro (per ben due volte), e addirittura conte e pari di Francia.

La storia di un giovane eroe che dalla provincia arriva a Parigi (o a Milano) sospinto da grandissime, spropositate speranze, come quelle che può nutrire solo chi non è nato in una grande città, è non solo la storia di Rastignac (o di Bocca), ma anche di Balzac e del padre di questi, Bernard-François. Ma è, soprattutto, quella raccontata infinite volte nei novantun romanzi che compongono la sua monumentale opera narrativa: la *Commedia umana*. Anzi, Balzac non avrebbe raccontato altro che questa storia, sostengono numerosi studiosi del grande scrittore francese (tra cui Gustave Planche). Ecco perché Rastignac è, forse, il più balzachiano dei personaggi di Balzac.

Dunque, « il Rastignac di Stendhal che va alla conquista di Parigi » è come il Renzo di Foscolo che va girovagando per Milano. O lo Jacopo Ortis di Manzoni che scrive le sue ultime lettere.

Eppure la citazione di Bocca che accomuna, fonde quasi in un solo scrittore due giganti della letteratura francese, non è completamente sbagliata. Si stimavano, Stendhal e

Balzac. E – anche se non autorecensirono mai i propri romanzi autobiografici – avevano in comune un'altissima considerazione di loro stessi. Intendiamoci: Balzac di Balzac e Stendhal di Stendhal (un po' come Bocca di Bocca).

Si racconta che quando Stendhal pubblicò *La Certosa di Parma*, Balzac – che era già uno scrittore di successo – scrisse su la «Revue Parisienne» una lunghissima recensione piena di elogi per l'autore e per l'opera. Fino ad allora mai nessuno aveva scritto un solo articolo sulle opere di Stendhal per riconoscere le sue grandi qualità di romanziere (e così fu sin quando egli visse). Quindi Balzac conosceva bene il valore del suo autorevole intervento, e per questo si aspettava che l'autore della *Certosa* lo ringraziasse.

Ma passarono parecchi mesi senza che Balzac ricevesse una lettera o anche un semplice biglietto con uno stentato «grazie».

Quando, finalmente, un giorno si incontrarono,[17] Balzac gli chiese: «Ma il mio articolo sulla *Certosa* l'avete letto? Non vi è piaciuto forse?».

«Certo che l'ho letto» rispose Stendhal «l'ho letto e riletto tante volte d'averlo quasi imparato a memoria. Lo tengo tra i miei *livres de chevet*. Se non vi ho ringraziato è perché, conoscendovi bene, so che avete scritto di me quel che pensate di voi; e che, naturalmente, non potrete mai scrivere. Quando anch'io diventerò famoso come voi, vi ringrazierò scrivendo di voi ciò che penso di me.»

[17] Fin qui l'episodio è autentico. Ciò che segue, no.

Il verso rapito

A Enzo Biagi, una delle grandi firme del giornalismo italiano, piacciono i poemi eroicomici come *La secchia rapita* di Alessandro Tassoni.

Per scriverne nei suoi commenti, a Biagi basta che un eroe dei nostri tempi compia anche un solo gesto che possa apparirgli comico.

Così, se il presidente della Rai Enrico Manca si lamenta perché ritiene di non avere poteri, Biagi sulla « Repubblica » scrive che « la brutale constatazione di Manca fa venire in mente un paio di versi della *Secchia rapita*: "Il poverino non se n'era accorto / andava combattendo ed era morto" ».[18]

E se il presidente del Consiglio, Craxi, il ministro del Tesoro, Goria, e il governatore della Banca d'Italia, Ciampi, prima litigano, a causa di un rovinoso crollo della lira, e poi fanno subito pace, ecco Biagi sentirsi « nel clima della *Secchia rapita*. Perché c'è sempre nella tenzone "un poverino" tanto distratto che "non se n'era accorto, andava combattendo ed era morto" ».[19]

Peccato che l'unico rapito, qui, sia un verso: « Andava combattendo ed era morto ». Perché non si trova nella *Secchia* del Tassoni, ma nel cinquantatreesimo capitolo dell'*Orlando innamorato* di Francesco Berni (un rifacimento dell'omonimo poema cavalleresco di Matteo Maria Boiardo). Quanto all'altro verso, « Il poverino non se n'era accorto », deve essere del Biagi, visto che non esiste né nell'*Orlando* del Berni, né nella *Secchia* del Tassoni.

[18] « la Repubblica », 31-12-1986
[19] « la Repubblica », 15-8-1985

Ma ecco l'ottava dove compare il verso del Berni citato da Biagi (il cavaliere «tagliato» dalla terribile Durlindana di Orlando è Alibante da Toledo):

«Onde ora avendo a traverso tagliato
Questo Pagan, lo fe' sì destramente,
Che l'un pezzo in su l'altro suggellato
Rimase senza muoversi niente;
E come avvien, quand'uno è riscaldato,
Che le ferite per allor non sente;
Così colui, del colpo non accorto,
Andava combattendo ed era morto».

Come hanno reagito i due poeti bistrattati dal Biagi? Sembra che il Tassoni, al quale il Biagi ha attribuito un verso suo e uno del Berni, si sia arrabbiato. Ma poi tutto si è aggiustato. Come risulta da questa conversazione (trasmessaci in ottava, naturalmente) avvenuta nella nuvoletta dove abitano i poeti del Cinquecento e del Seicento:

«Sbagliata ei avea la citazione,
eppur la ripetea 'n continuazione.
Lo sfideremo a singolar tenzone?»,
Dimandò l'autor del Contesissimo Secchione.
«Perdonalo», respose ser Berni a ser Tassoni
«Per castigar onni corruttor di citazioni
Bisognerebbe dar foco a li cannoni».

Latinorum

Ma un citatore perfetto non può accontentarsi di esibire Kafka, Brecht, Tomasi, Sciascia, Caproni, Molnár, Tassoni (o Berni) eccetera: questi non consentono che modeste ostentazioni di cultura. Per gli sfoggi di erudizione ci vuole ben altro. Ci vuole il latino. Chi, meglio di Cicerone, Virgilio, Marziale, Cesare, Giovenale, i quattro evangelisti, i broccarda, Terenzio, eccetera, per intimidire il lettore? Per manifestare la propria superiorità culturale e incutere rispetto, anzi un complesso di inferiorità in chi legge o ascolta? Un po' come fanno don Abbondio e il dottor Azzeccagarbugli con il povero Renzo ne *I Promessi sposi*.

Certo, la gravità, la solennità, la nobiltà del latino sono fuori discussione. Ma altrettanto certo è che non lo si può usare «ad orecchio», come una qualsiasi lingua viva. Una lingua morta richiede uno studio costante e continui esercizi. Chi non la studia e non si esercita, fatalmente cadrà nella citazione a sproposito o in una delle numerose trappole di questa tanto preziosa, quanto insidiosa lingua.

Ma l'amore per la citazione latina non conosce pericoli, non si cura dei rischi. Così molti giornalisti vanno coraggiosamente incontro alla fine segnata nel terzo capitolo (v. 27) dell'*Ecclesiastico*: «Qui amat periculum in illo peribit» (Chi ama il pericolo vi perirà).

Molto coraggioso è il direttore dell'«Espresso», Giovanni Valentini, che sulla copertina del settimanale strilla, a caratteri cubitali, il titolo di un servizio sull'inquinamento delle coste italiane: «Mare vostrum».[20]

Così, riecheggiando il famoso «Mare Nostrum» (mare nostro) con cui prima i romani e poi Mussolini rivendicavano il possesso del Mediterraneo, «L'Espresso», per dire «Mare vostro» si inventa un «vostrum» che in latino non esiste. Vostro, in latino, di dice «vestrum».

Coraggiosissimo è Beniamino Placido che sulla «Repub-

[20] «L'Espresso», 24-6-1990

blica» chiede perdono a Cicerone perché, per dare del cafone al presentatore televisivo Gianfranco Funari, si è permesso di inventarsi il termine «cafo maximus», pur sapendo benissimo che in latino «cafo-cafonis» non esiste.

Ma non si scusa per niente, col grande Marco Tullio, Placido, quando gli esibisce una errata citazione dal «*Cato maior*, ovvero *De Senectute*: "Nemo enim est tam senex qui se annum non putet *esse* vivere"».[21] Una massima senza senso, visto che, tradotta in italiano, suona così: «Nessuno è tanto vecchio da non ritenere essere vivere ancora per un anno».

Ma Cicerone non è certo uno scrittore dell'assurdo. La sua massima non storpiata – «Nemo enim est tam senex qui se annum non putet *posse* vivere» – significa: «Nessuno è tanto vecchio da non ritenere di poter vivere ancora per un anno».

Temerario è, infine, il direttore di «Repubblica» che adora il latino, mentre questi non lo ricambia neanche un po'. E continua, anzi, a dargli solo dispiaceri.

Il governo Goria è caduto? «Parce sepultum»,[22] scrive Scalfari, invece che «parce sepulto» (perdona al sepolto) come vuole l'*Eneide* di Virgilio.

Nelle partecipazioni statali i massimi dirigenti non curano gli interessi delle aziende (Iri, Eni, Finsider ecc.), ma solo quelli dei partiti cui debbono la nomina? Scalfari non ha dubbi. Questa situazione gli ricorda «l'antico broccardo "tot capita tot sententia" o meglio "eius regio, cuius religio"».[23]

[21] «la Repubblica», 11-5-1991
[22] «la Repubblica», 4-2-1988
[23] «la Repubblica» (supplemento Affari e finanza), 10-7-1987

Ebbene: A) nessuna delle due citazioni ha a che vedere con le regole (o glosse) di diritto canonico di epoca medievale conosciute come broccarda (o brocarda); B) la prima citazione, che in italiano significa «tante teste tanti pareri», è un proverbio latino tratto da un verso di Terenzio («Quot homines, tot sententiae»), e fa «tot capita tot sententiae» (al plurale, non «sententia» al singolare); C) la seconda «eius regio cuius religio» è completamente sbagliata: la citazione esatta è «cuius regio, eius religio» (per il suo significato vedi il capitolo Ma che storia è questa?, p. 12).

Il presidente del Consiglio, Ciriaco De Mita, ha legato il suo destino politico a quello del suo ministro del Tesoro, Giuliano Amato? Scalfari ne deduce che De Mita e Amato «staranno insieme e insieme periranno». Peccato che questa deduzione la scrive in latino: «Simul stabunt, simul periunt».[24]

Se il latino maccheronico si potesse tradurre, la frase di Scalfari suonerebbe più o meno così: «Staranno insieme e insieme "peranno"». E già, perché il verbo pereo al futuro, terza persona plurale, fa peribunt, non periunt come vorrebbe Scalfari.

Prudente, prudentissima è invece Maria Antonietta Macciocchi che, sapendo forse quanto sia infido il latino, la citazione la serve già bell'e tradotta in italiano. Con i loro «contratti miliardari, gli anchor-men» dimostrano come in Italia «dilaghi "la sacra fame dell'oro" (vedi Marx e la Bibbia)», scrive la Macciocchi sul «Corriere della Sera».[25]

Sfortunata, la Macciocchi. La sua prudenza avrebbe do-

[24] «la Repubblica», 10-9-1988

[25] «Corriere della Sera», 7-3-1989

vuto essere premiata. E invece: « Auri sacra fames », è un verso dell'*Eneide* di Virgilio. Niente a che vedere, dunque, con Marx o con la Bibbia. E il verso, ahimè, non si traduce « la sacra fame dell'oro », ma « l'esecranda (o esecrata o detestabile) fame dell'oro ».

Chissà perché tutti questi citatori a ruota libera si immolano così beatamente sull'altare del *latinorum*. Forse perché sono convinti che un detto latino è sempre e comunque ottimo, eccellente. E invece, come dice Marziale dei suoi epigrammi, ce ne sono di buoni, alcuni sono mediocri, ma i più sono cattivi: « sunt bona, sunt quaedam mediocria, sunt mala plura ».

Se poi loro, i citatori, ci mettono le mani, anche gli ottimi diventano pessimi: « Corruptio optimi pessima ».[26]

Perit qui fila tangit

Eh, sì, le citazioni latine sono proprio come l'alta tensione: chi tocca i fili muore.

E può capitare – è capitato – che ci lasci le penne anche chi si limita a sfiorare colui che è venuto a contatto con i fili.

Ferdinando Adornato, curatore delle pagine culturali dell'« Espresso », intervista Furio Colombo, il grande giornalista che indaga, studia e racconta l'America. Un uomo che « dal 1976 tenta regolarmente » scrive Adornato « di farci scoprire l'America », fino a quando « ce l'ha fatta scoprire davvero ». E poiché Furio ha lo stesso cognome di Cristoforo, ecco dimostrato, come « dicevano gli antichi, che "nomina sunt rerum". I nomi sono davvero le cose ».[27]

[26] S. Gregorio Magno, Moralia in Job
[27] « L'Espresso », 8-1-1989

Innanzitutto « nomina sunt rerum » in latino non esiste. « I nomi sono le cose » potrebbe essere tutt'al più tradotto (ma i latinisti sicuramente inorridiranno) « nomina sunt res » (quindi all'accusativo e non « rerum » al genitivo). Inoltre il motto latino, recita « nomina sunt *consequentia* rerum », i nomi sono la conseguenza delle cose (oppure: i nomi sono conseguenti alle cose). Insomma prima vengono le cose e poi i nomi, i quali servono per definire le cose, i fatti già accaduti.

Nel caso citato da Adornato, tanto per intenderci, Furio Colombo non ci ha fatto riscoprire l'America perché il suo nome è lo stesso dell'illustre navigatore (in questo caso si sarebbe dovuto dire « nomen omen », che significa « il nome è augurio » ovvero il destino nel nome). Ce l'ha fatta riscoprire perché da più di tre lustri vive in America e d'America. E allora di lui si sarebbe potuto dire « nomina sunt consequentia rerum » solo se, a furor di popolo, fosse stato soprannominato Furio America (o Americano o Americanista). E che ne direste di « Stellestriscie » Furio?

Quando Adornato pubblica questo strafalcione, Giuliano Ferrara si indigna. Ma come è possibile – scrive su « Epoca » – che nelle pagine culturali « di uno dei grandi settimanali di informazione » si storpi, fino a rovesciarne il significato, « un motto desunto dal realismo filosofico medievale »? La verità è che « il giornalismo di qualità è diventato un giornalismo raro, se non introvabile ».[28]

Ferrara avrebbe ragione da vendere se, correggendo chi incautamente ha toccato i fili dell'alta tensione, non si fosse preso anche lui una bella scossa.

Non è vero infatti che il motto « nomina ecc. » è stato de-

[28] « Epoca », 10-1-1989

sunto dal realismo filosofico medievale. È un concetto giuridico: la sua origine è in un passo («consequentia nomina rebus esse studentes»: cercando di fare in modo che i nomi corrispondano alle cose) delle «Istituzioni» di Giustiniano, l'imperatore romano d'Oriente che regnò dal 527 al 565 dell'era volgare. «Istituzioni» interamente dedicate al diritto, non alla filosofia. Il motto, inoltre, a noi è stato tramandato non dai realisti medievali del XII secolo, bensì da Dante, che lo cita nella *Vita Nova*: «Con ciò sia cosa che li nomi seguitino le nominate cose, sì come è scritto: "nomina sunt consequentia rerum"». E Dante, a sua volta, l'apprese da Marino da Caramanico, un giureconsulto abruzzese a lui coevo. Un giureconsulto, non un filosofo.

Ma a Ferrara una sola scarica non basta. Anche lui vuole provare il brivido della citazione latina. E in televisione, per giunta: il mezzo popolare per eccellenza, dove il latino dovrebbe essere severamente vietato. A *Radio Londra*, la sua trasmissione su Canale 5, se la prende con *Domenica In* di RaiUno, che senza il minimo scrupolo, pur di fare uno scoop, ha messo in mostra, in diretta, un bambino – ancora impaurito e traballante, per la lunga e dura prigionia – appena liberato da un sequestro: Marco Fiora.

Così, agli spregiudicati responsabili della prima Rete Rai, Ferrara ricorda una massima che «si trova in un vecchio libro, il Vangelo: "Maxima debetur puero reverentia" ovvero "ai bambini si deve il massimo rispetto"».[29]

Peccato che la frase citata da Ferrara non sia in nessuno dei Quattro Vangeli canonici e neppure in quelli apocrifi.

[29] Radio Londra, 13-2-1989

Essa si trova nelle *Satire* di Giovenale, poeta latino del I secolo dopo Cristo.

Così l'empio Ferrara ha confuso un poeta satirico pagano con quattro santi del calibro di san Marco, san Matteo, san Luca, san Giovanni.

In un lungo, documentato articolo sull'abuso delle citazioni latine da parte dei nostri uomini politici, Filippo Ceccarelli, su « Panorama », si prende la soddisfazione di bocciarne un bel po'. A Craxi, Andreotti, Martelli eccetera un bel quattro non glielo leva nessuno: troppi strafalcioni. Peccato che anche a Ceccarelli capiti di farne ben tre, proprio nell'articolo[30] in cui corregge gli errori dei politici.

Eccoli: 1) a proposito della *Guerra Civile* di Cesare scrive « De bello civile » (con la « e » invece che « De bello *civili* » con la « i »); 2) chiama « conventio ad escludendum » (con la « s ») e non « ad excludendum » (con la « x ») la tacita intesa, tra i partiti italiani, di escludere i comunisti dal governo del Paese; 3) citando infine una frase del senatore comunista Paolo Bufalini « Dies nigro signand*a* lapillo » (giorno da ricordare con un sassolino nero, cioè giorno infausto) scrive « signand*o* » con la « o » finale, invece che con la « a ».

Ad accorgersi degli errori di Ceccarelli è Nello Ajello: nel segnalarli uno per uno con la sua implacabile matita rossa e blu, in un articolo sulla « Repubblica »,[31] Ajello chiede ironicamente al giornalista di « Panorama »: chi correggerà il correttore? Ma, naturalmente lo fa con una citazione latina: « Quis custodiet custodes »? (Chi custodirà i custodi?)

30 « Panorama », 19-6-1988
31 « la Repubblica », 16-6-1988

Ebbene, anche Ajello sbaglia. Perché la citazione corretta, tratta dalle *Egloghe* di Decimo Giunio Ludifico (il Giovane), suona così: «Sed quis custodiet medesmos custodes?» (ma chi custodirà i medesimi custodi?).

Già: chi mai correggerà gli stessi correttori?[32]

[32] La risposta nell'Appendice, a p. 173 di questo libro.

IV

I fabbricanti di mostri

Mezze verità, bugie, strafalcioni, scambi di persone. Nelle pagine di politica interna ed estera, della cultura, degli spettacoli eccetera. Ma che volete che siano? Bazzecole. Certo, alle sue vittime il pressappochismo dei giornali non può che portare guai.

Inezie, tuttavia, rispetto ai danni enormi provocati dai giornalisti « fabbricanti di mostri » alla gente comune. Alla gente finita – suo malgrado – negli spietati ingranaggi della cronaca.

Da quasi un quarto di secolo, dal « mostro » Pietro Valpreda, l'anarchico accusato dell'attentato a piazza Fontana e sbattuto in prima pagina, la produzione di mostri non si è mai fermata, né rallentata. Da Enzo Tortora al mostro di Limbiate, dalla Circe della Versilia al mostro di Balsorano, dalla Belva di via del Caravaggio alla Mantide di Cairo Montenotte. E poi Lelio Luttazzi, Rossano Brazzi e tantissimi altri. Fino a Pietrino Vanacore, il mostro di via Poma. Colpevoli? Innocenti? Non importa. La fabbrica li sforna sempre con la stessa tecnica.

Una persona viene coinvolta, per una serie di circostanze più o meno sfortunate, in un caso giudiziario. E durante le indagini preliminari accusata, da un magistrato (più o meno sprovveduto), di un delitto. Sia chiaro: solo accusata.

A questo punto entrano in azione i giornali. Il magistrato inquirente non ha ancora compiuto l'atto formale dell'incriminazione? Ci pensano loro ad additarla, a descriverla come un criminale. Il Pubblico ministero deve ancora decidere sul rinvio a giudizio? Sciocchezze: l'accusato è certamente imputato del delitto.

E non è finita. Naturalmente i giornali non sono neanche sfiorati dall'idea di aspettare che si pronunci, almeno in primo grado, il tribunale. Ed emettono la sentenza: colpevole.

Pensate: tutti sanno che sono necessari mesi, anni qualche volta, perché il lavoro di parecchi magistrati si concluda con una sentenza. I giornali, invece, in pochi giorni (spesso in poche ore) istruiscono un processo sommario e condannano senza appello.

Quando poi si scopre – il che avviene molto spesso – che il poveretto è stato ingiustamente accusato, che non c'è uno straccio di prova, anzi neanche un piccolo indizio a suo carico, i giornali archiviano il caso (qualche rara volta scusandosi; ma quasi sempre non fanno neanche questo). E dopo qualche giorno, al massimo qualche settimana, ecco un nuovo caso giudiziario, ecco un nuovo mostro sbattuto in prima pagina, ecco di nuovo le prove di innocenza...

Niente scuse

A Napoli due tossicodipendenti, Giuseppe Marano e Alessandra Santapaolo, vengono arrestati con l'accusa di aver drogato il figlio di due anni, Davide.

Dal resoconto dei vari giornali si apprende che i «genitori-mostri» sono accusati di due reati: «somministrazione» o «cessione gratuita» di modica quantità di stupefacenti e «tentativo di lesioni» ai danni di un minore. Leggendo le cronache dei vari quotidiani, tuttavia, si ricava subito la sensazione che la storia faccia acqua da tutte le parti. E che i cronisti l'abbiano trattata con superficialità, disinvoltura, sciatteria, negligenza.

Intanto perché tutti raccontano di un «semplice tentativo di somministrazione» e poi scrivono che l'accusa è di «somministrazione di stupefacenti». In altre parole, dicono che i genitori sono stati accusati di aver drogato il piccolo Davide, ma si contraddicono perché, contemporaneamente, raccontano che sono stati colti mentre erano solo in procinto di iniettare la droga al figlio.

Come se non bastasse, anche le descrizioni di questo tentativo sono piene di incongruenze, di contraddizioni. Un esempio? «l'Unità» (articolo di Mario Riccio) scrive che è la madre, Alessandra Santapaolo, ad essere sorpresa in un vicolo dagli agenti di polizia mentre «solleva il pulloverino dal braccio destro di Davide con l'intento di immettere nel corpicino del bambino la micidiale droga». Ma «alla vista degli agenti, tenta di disfarsi della siringa con dentro ancora una piccola parte di eroina».[1] Per «La Stampa» (articolo di Fulvio Milone), invece, è il padre, Giuseppe Marano, ad essere colto in flagrante dagli agenti mentre «impugna la siringa appena usata, ancora sporca di sangue».[2]

Un'altra incongruenza deriva dal fatto che la stragrande

[1] «l'Unità», 19-1-1990
[2] «La Stampa», 19-1-1990

maggioranza dei giornali non accenna a maltrattamenti, a percosse da parte dei genitori al piccolo Davide, mentre un paio di quotidiani rivelano anche questi particolari brutali. «Repubblica» (la cronaca è di Ermanno Corsi) scrive che il bambino aveva «la faccia piena di lividi»;[3] e il «Corriere della Sera» (servizio di Enzo D'Errico) di una testimone che aveva chiesto agli agenti di intervenire al più presto perché il padre «lo stava picchiando».[4]

Infine l'ultima, ma non per questo meno importante, incongruenza. Perché i genitori avrebbero dovuto drogare il figlio di appena due anni? E perché proprio in mezzo ad una strada e non nella loro casa, al riparo da occhi indiscreti? Nessun cronista se lo chiede. Nessuno riflette sul principio – elementare, logico, di buon senso, prima che di diritto – che ogni delitto deve, necessariamente, avere un qualche movente.

Ma la notizia – corredata in molti quotidiani da una grande foto di Davide, biondo, sorridente, tenero, i grandi occhi vispi che brillano in un bel viso paffuto – è, come sottolineano i vari titoli dei giornali «agghiacciante, allucinante, sconvolgente, incredibile». Pure commovente e a sensazione, di quelle che fanno alzare le vendite. Quindi bando agli scrupoli: si deve pubblicare immediatamente. Non c'è tempo per le verifiche...

Ecco, questo è uno dei tanti casi in cui i giornali incriminano, rinviano a giudizio, condannano in poche ore; usurpando gli uffici del magistrato inquirente, del Pubblico ministero, del collegio giudicante. Questa volta, anzi, i giornali non possono accampare neppure la scusa che è stato

[3] «la Repubblica», 19-1-1990
[4] «Corriere della Sera», 19-1-1990

un magistrato sprovveduto a metterli sulla cattiva strada. A denunciare i genitori di Davide sono stati dei semplici poliziotti. Quelli accorsi nel vicolo su segnalazione di una donna.

Così, senza neanche il conforto dell'accusa formulata da un magistrato, i giornali scodellano i mostri: naturalmente in prima pagina. Questi i titoli:

«la Repubblica»: «Eroina al figlio di due anni / La polizia blocca i genitori drogati».

Il «Corriere della Sera»: «Chino sul figlio di due anni, voleva iniettargli la droga / Coniugi drogati arrestati a Napoli, lui è stato sorpreso con in mano una siringa usata sporca di sangue».

«La Stampa»: «Eroina al figlio di due anni / In un vicolo, la donna aveva il bambino per chiedere l'elemosina».

«l'Unità»: «Tentavano di "bucare" il figlio di 20 mesi».

«Il Mattino» di Napoli: «Stavano per drogare il figlio di due anni / Colti in flagrante genitori arrestati».

Ma se i quotidiani – come dimostrano i titoli – non hanno dubbi sulla colpevolezza dei genitori di Davide, il magistrato al quale viene affidato il caso capisce invece subito che l'accusa non regge: troppe contraddizioni, molte discordanze, qualche assurdità.

In quarantotto ore, con l'aiuto dei medici, il magistrato accerta che: A) il piccolo Davide non è stato drogato: nessun buco d'ago nel suo corpo, nessuna traccia di stupefacenti nel suo sangue; B) nessuno dei due genitori è stato colto sul punto di drogarlo: il braccino di Davide non era scoperto, né poteva esserlo, perché quando gli agenti lo hanno visto, nel vicolo, indossava un giubbino jeans molto rigido: impossibile arrotolarne la manica; C) Davide non aveva alcun ematoma né altri segni di percosse: dunque non era stato picchiato.

Conclusione: padre e madre del piccolo Davide sono completamente scagionati e scarcerati.

Ebbene, tutti i giornali danno la notizia della scarcerazione e degli accertamenti del magistrato nelle pagine di cronaca. Uno solo, «Il Mattino» di Napoli,[5] con lo stesso rilievo – in prima pagina – dato alla notizia dell'arresto. A sbattere il mostro, anzi i mostri, nelle loro belle prime pagine, erano stati, come abbiamo visto, anche «la Repubblica», il «Corriere della Sera», «La Stampa», e «l'Unità». Tuttavia nessuno di loro si sente in dovere di dare risalto alla verità così come era stata amplificata la bugia.

Figuriamoci se qualcuno pensa a un risarcimento, anche simbolico: almeno a delle scuse, per aver esposto, con un'accusa infamante, due persone innocenti al pubblico disprezzo.

I mercanti di bambini

Ma non tutti sono fortunati (si fa per dire) come i genitori di Davide: appena quarantotto ore per essere scagionati e la pubblicazione – anche se non con il rilievo dovuto – della notizia da parte dei giornali. A due coniugi calabresi è andata molto, molto peggio.

In questo caso la fabbrica inizia il solito ciclo quando i giornali pubblicano la notizia che a Cetraro (Cosenza) sono state arrestate quattro persone, con l'accusa di aver

[5] «Il Mattino», 21-1-1990

venduto a degli sconosciuti – «forse a una coppia» – una bambina di due anni, Adriana Benedetta Roccia. Gli arrestati sono il padre e la madre della bambina, Ferruccio e Anna Roccia, nonché la comare di questa, Angelina Nappa e sua figlia Elvira, ambedue «intermediarie del losco affare».

I genitori di Benedetta – disoccupato lui, casalinga lei, che vivono di stenti in un misero tugurio nelle montagne vicino a Cetraro – negano disperatamente. «Siamo poveri ma onesti», dice con le lacrime agli occhi la madre, alla quale sono stati concessi gli arresti domiciliari perché deve badare agli altri suoi sei figli. E confermano la denuncia fatta dieci giorni prima a polizia e carabinieri: «Benedetta è sparita mentre raccoglievamo fragole in un bosco».

Ma il sostituto procuratore della Repubblica di Paola, Luigi Belvedere, non ci crede e dichiara di aver arrestato i quattro «in base a concreti elementi di prova». Quali siano queste prove, il magistrato non lo dice. Ma i cronisti si accontentano. Così, senza porsi alcuna domanda, senza farsi sfiorare dal minimo dubbio, i giornali scodellano i mostri.

Nessun dubbio sfiora, per esempio, i tre maggiori quotidiani, due dei quali decidono di pubblicare la notizia addirittura in prima pagina. Questi i titoli: «Bambina venduta in Calabria, arrestati i genitori», del «Corriere della Sera»;[6] «Hanno venduto la figlia di due anni», della «Stampa».[7] Un altro grande quotidiano, «la Repubblica», si accontenta di collocare i mostri in una pagina interna. Ma con questo titolo pieno di certezze: «Venduta a una coppia la bimba "sequestrata" / in manette i genitori».[8]

6 «Corriere della Sera», 20-6-1990
7 «La Stampa», 20-6-1990
8 «la Repubblica», 20-6-1990

E vediamo, ora, come si sviluppa nei giorni successivi la vicenda, utilizzando le cronache dell'inviato del «Corriere della Sera», Adriano Baglivo, visto che gli altri due grandi quotidiani – «La Stampa» e «la Repubblica» – dopo aver fabbricato i mostri, se ne disinteressano.

Eravamo rimasti ai «concreti elementi di prova» sbandierati, ma non chiariti, dal magistrato. Bene. L'inviato del «Corriere» ci racconta che «pare esistano dei nastri registrati, colloqui tra Angelina ed Elvira, le due intermediarie, che indurrebbero a un filone del mercato dei minori». Un racket dove «i prezzi variano tra i 15 e i 20 milioni per un bimbo fino a 3 anni». Accanto alla cronaca di Baglivo, un articolo di Vito D'Angelo, il cui titolo basta e avanza: «Il racket clandestino dell'infanzia: ogni anno 500 casi nel Sud».[9]

Ma il giorno dopo, di «nastri registrati» non si parla più. La prova regina – si fa per dire – è diventata la testimonianza di una sorella della bambina scomparsa, Laura, di 9 anni. La quale – scrive Baglivo[10] – «ha raccontato al capitano dei carabinieri che in casa si parlava di portar via Benedetta». E poiché la mamma nega e contrattacca («mia figlia è stata convinta ad accusarmi»), il magistrato, Luigi Belvedere, tira fuori – si fa sempre per dire – la «prova principessa». Che consiste – riferisce Baglivo – in questi due ragionamenti: 1) «è mai possibile che una bambina di due anni possa percorrere da sola chilometri? Non una strada, ma piste di montagna»; 2) «sono convinto che la bambina non può essere scomparsa nel nulla: è stata venduta. I genitori negano. E come negare la luce del sole? Per questo li ho arrestati, per indurli a pensare».

[9] «Corriere della Sera», 21-6-1990
[10] «Corriere della Sera», 22-6-1990

Se ne deduce che il magistrato confessa candidamente di aver messo in galera un povero disgraziato – e le sue presunte complici – non perché ha le prove del reato, come gli impone di fare il codice, ma per estorcer loro la confessione. Tuttavia, Baglivo sul «Corriere» si limita a riferire: e non riflette neppure un attimo sul fatto che né la testimonianza di una bimbetta di 9 anni, né dei «ragionamenti» possono costituire delle prove.

Ma andiamo avanti. A un certo punto entra in scena la 'ndrangheta. Dalla quale provengono – leggiamo nell'articolo di Baglivo – «minacce di ritorsione contro i genitori accusati di aver venduto la bimba», perché «le ricerche della piccola hanno costretto gli uomini dell'organizzazione a defilarsi».[11] Senonché, il giorno dopo la 'ndrangheta esce di scena, esattamente come qualche giorno prima era capitato ai nastri registrati. «Non abbiamo elementi certi per sospettare della 'ndrangheta», dichiara il magistrato. Baglivo, sul «Corriere»,[12] registra sempre. E pubblica anche le dichiarazioni del legale degli accusati, avvocato Gino Perrotta, che, appellandosi al Tribunale della Libertà, ne ha chiesto la scarcerazione «per assoluta mancanza di indizi di colpevolezza».

Tuttavia solo dalla «Gazzetta del Sud»,[13] il quotidiano della Calabria, apprendiamo – l'inviato del «Corriere» questa notizia preferisce ignorarla – che l'avvocato Perrotta ha pure dimostrato, dati alla mano, che «il racket dei minori è pura fantasia. Qui da noi non c'è mai stata una sola sparizione di bambini. Altro che 500 casi».

[11] «Corriere della Sera», 23-6-1990
[12] «Corriere della Sera», 24-6-1990
[13] «La Gazzetta del Sud», 24-6-1990

Intanto la gente di Cetraro si stringe attorno alla disgraziata famiglia Roccia, mostrando di credere più ai genitori di Benedetta che non ai magistrati e ai giornalisti. E lo fa accorrendo in massa ad ascoltare, commossa, un vecchio cantastorie, nella piazza del paese: «Questa è la disgraziata storia di Benedetta / che andò nel bosco e fu portata via. / Piange la mamma triste e si dispera. / Piange il papà in galera / per il ritorno del suo passerotto / prima che arrivi il buio della sera».

Per fortuna, a far luce, 16 giorni dopo, ci pensa il Tribunale della Libertà di Cosenza, che giudica inconsistenti tanto la testimonianza della piccola Laura Roccia quanto i «ragionamenti» del magistrato inquirente, Luigi Belvedere. Così scagiona da ogni accusa i coniugi Roccia e le loro presunte complici, e ne ordina la scarcerazione.

Ebbene questa notizia la pubblicano solo due giornali: «Il Mattino» di Napoli [14] e «Il Giorno».[15] Tutti gli altri, che pure avevano fabbricato i mostri, no.

Questo significa che per la stragrande maggioranza della stampa italiana il linciaggio morale dei poveri coniugi Roccia, descritti nei titoloni – in prima pagina – e nei numerosi articoli, come turpi trafficanti di bambini, può proseguire senza soste per giorni e giorni. Poi, quando i presunti colpevoli sono scagionati e scarcerati, non un articolo, non un trafiletto, neanche due righe. Niente.

Questo significa che ancora oggi per i lettori della «Stampa» di Paolo Mieli, del «Giornale» di Indro Montanelli, della «Repubblica» di Eugenio Scalfari, del «Tempo» di Franco Cangini, del «Messaggero» di Mario Pendinelli

[14] «Il Mattino», 6-7-1990
[15] «Il Giorno», 6-7-1990

(e così via), i coniugi Roccia e le loro «comari» sono ancora in galera. E meritatamente: non erano dei mostri, degli infami mercanti di bambini?

Questo significa che non si è sentito in dovere di «riabilitare» gli accusati e di informare i suoi lettori della felice conclusione del caso nemmeno il «Corriere della Sera» di Ugo Stille, che a Cetraro aveva mandato addirittura un inviato speciale, Adriano Baglivo. Il quale ci aveva bombardato con i suoi inesorabili e fantastici servizi supercolpevolisti.

Non meravigliandoci più di tanto: per articoli dello stesso tenore sul povero Enzo Tortora è già stato condannato in primo grado dal Tribunale di Milano.

Il caso Miriam

I Roccia, i Marano, i Santapaolo e tanti altri uomini e donne con nomi anonimi non sono che piccola gente indifesa, i cosiddetti «soggetti deboli». Dei loro affetti, del loro passato, presente e futuro, delle loro spesso pietose vicende umane, giornali e giornalisti si impossessano senza alcun riguardo.

E giorno dopo giorno li trasformano negli elementi di un giallo. Nessuno pensa che sfogliandone le pagine si rinnovano dolori, angosce, sofferenze. Ciò che conta è mettere il reo, il colpevole con le spalle al muro.

Se poi il protagonista del giallo su cui si esercitano, si dilettano i giornalisti (giocano a fare i Poirot, gli Ellery Queen, loro) risulta innocente, non c'è da preoccuparsi. Forti coi deboli e deboli coi forti, i giornalisti sanno che dai «soggetti deboli», dalla piccola gente hanno poco da temere.

Né querele, né smentite. Nemmeno preghiere di pubblicazione della notizia che il mostro di turno, signor Pincopallino, è stato scagionato. Come potrebbe avanzare una simile richiesta, per esempio, il povero Ferruccio Roccia, che è analfabeta?

Diverso il comportamento quando il protagonista del fatto di cronaca è un parlamentare, un imprenditore, un artista. Insomma una persona più o meno potente, una che conta. Se una di queste è stata accusata di un reato, piccolo o grande che sia, e poi scagionata, si può star certi che i giornali si affretteranno a darne notizia.

Ma da che cosa deriva tanta insensibilità, specialmente nei confronti della gente comune, da parte della stragrande maggioranza della stampa italiana? Perché non c'è nessun rispetto per la gente, per la sua dignità, per la sua onorabilità, per la sua immagine, fatte a pezzi, offese proprio dalla stampa?

La risposta è: un malinteso senso del diritto-dovere di cronaca. I giornalisti italiani sono convinti che se una persona è accusata di un reato, di un qualsiasi reato, loro hanno il dovere di darne notizia: esercitando, appunto, il diritto di cronaca. Se poi l'accusa è infondata – sostengono – la colpa non è dei giornalisti: semmai è dei magistrati, dei poliziotti o di chiunque altro l'abbia formulato o contribuito a formularla. Quindi sono questi i veri fabbricanti di mostri, non i giornalisti. Se la fonte è buona – concludono – che possono fare i cronisti se non riferire ai loro lettori quanto hanno appreso?

Ma si sbagliano, le cose non stanno così. Innanzitutto perché i giornalisti non si limitano a scrivere nei titoli e negli articoli – come abbiamo visto, per esempio, nel caso dei coniugi Roccia – «Genitori *accusati* di aver venduto la figlia». Scrivono: «*Hanno* venduto la figlia / in manette i genitori». Insomma, per la stampa italiana la presunzione d'innocenza non esiste. Esiste semmai la presunzione di colpevolezza. Dunque i giornalisti italiani condannano senz'appello, arrogandosi il diritto di emanare sentenze definitive, chi è solamente accusato di un delitto. E quando poi le accuse crollano, la loro coscienza non ha neanche un piccolo sussulto. E tirano dritto. Senza nemmeno chiedere perdono al mostro fresco di fabbrica e di stampa. E scusa ai lettori che sono stati ingannati.

Tutto questo è facilmente dimostrabile. Basta analizzare attentamente il «Caso Miriam». Ricordate? Due insegnanti di Limbiate (Milano), Lanfranco e Maria Schillaci, portano la loro figlioletta, Miriam, di 2 anni, all'ospedale Niguarda di Milano: ha la febbre alta e un brutto ematoma all'ano. I medici sospettano subito che sia stata sodomizzata dal padre, complice la madre. Si mettono in contatto con i magistrati, che sottraggono Miriam ai genitori: viene addirittura impedito loro di farle visita in ospedale. I giornali si impadroniscono della vicenda e sbattono il mostro – anzi i due mostri – in prima pagina. Dopo qualche settimana si scopre, si accerta, che non era vero niente: l'ematoma era stato causato dall'errato uso di alcune supposte. (Poi si scoprirà che in realtà la bambina era affetta da un tumore, malattia di cui morirà nell'estate del 1990.)

Ecco, in questo caso le fonti dei giornalisti che danno la notizia del presunto, orribile reato non sono buone, ma ottime: medici e magistrati. Tuttavia – e questo è il punto – non è vero che, dopo la soffiata di fonti giudicate responsabili (come medici e magistrati, appunto) non si può far altro che pubblicare la notizia. Il giornalista, prima di pubblicarla, ha il dovere di controllare, di verificare, di formarsi un suo giudizio ascoltando altre fonti: soprattutto l'accusato, il «mostro» che ci si appresta a fabbricare.

Anche perché, com'è accaduto per i coniugi Schillaci, è con la pubblicazione sui giornali della falsa notizia che si diffama, si umilia, si espone al pubblico disprezzo chi è ingiustamente accusato. Non certo con le malaccorte chiacchiere di medici e magistrati. Le quali sarebbero rimaste pettegolezzi, tutt'al più vociferati nei corridoi dell'ospedale o del palazzo di Giustizia (non certo notizie date in pasto dai giornali a milioni di italiani), se non fossero state prese per oro colato, per Vangelo, dai cronisti.

Insomma, in casi come questi, i responsabili del danno maggiore, spesso irreparabile, sono i giornalisti senza scrupoli: per il semplice, incontestabile fatto che sono loro ad amplificare all'infinito la falsa notizia. Le loro responsabilità sono quindi molto più grandi di quelle dei medici incompetenti e dei magistrati disinvolti.

Ecco, torniamo al «Caso Miriam» e ragioniamo. Il cronista (Augusto Pozzoli del «Corriere della Sera») ha la soffiata (da un medico o da un magistrato oppure da tutti e due: non importa) che un tale di Limbiate ha sodomizzato, complice la moglie, la figlioletta di due anni.[16] Ora: A) la notizia, anche se di ottima fonte, è così mostruosa, così oscena da apparire inverosimile se non addirittura incredibile: non esistono precedenti di questo tipo – chiunque può accertarsene all'archivio del ministero dell'Interno – nella storia della criminalità italiana; B) la bambina ha solo due anni: è dunque un assai improbabile oggetto di desiderio; C) la complice è la madre. Ripeto: la madre della bimba violentata. E una madre così snatu-

[16] «Corriere della Sera», 22-4-1989

rata qualsiasi coscienza si rifiuta anche soltanto di concepirla.

Non bastano questi tre elementi di riflessione per spingere il cronista, almeno, a verificare di persona, incontrandoli, come sono fatti, che faccia hanno, come parlano, come si muovono, dove vivono i «coniugi-mostri»? Anche perché solo la loro follia potrebbe giustificare un crimine così atroce.

Ebbene, nessun cronista ha questa curiosità, che per un giornalista è già grave; ma più grave è che non senta neanche l'elementare dovere professionale di coprire i pochi chilometri che separano Milano da Limbiate per conoscere di persona gli Schillaci. E per riferire ai lettori le sue impressioni. Oltre che, naturalmente, le parole con cui si difendono gli accusati.

Così, per due interminabili settimane, i genitori di Miriam vengono coperti di fango – con dovizia di particolari morbosi – da quasi tutti i giornali italiani. Che li descrivono come due pervertiti che avevano usato la loro figlia come una «bambola comprata al sexy-shop».[17] Può bastare? No, non basta. Perché scrivono pure che «la bimba piangeva sempre» e che «il padre usciva con lei in piena notte».[18] Insomma si insinua che la bambola porno potesse essere usata per «festini», per orge con chissà quali altri pervertiti.

Si può immaginare qualcosa di più infamante per disonorare, per annientare una famiglia? E infatti la famiglia ne esce distrutta. Anche se, come abbiamo visto, poi si scopre – e i giornali, bontà loro, la pubblicano, insieme

[17] Articolo di Giulia Cagnacci, «La Notte», 22-4-1989
[18] Articolo di Susanna Ripamonti, «l'Unità», 24-4-1989

alla prima meritoria intervista al professor Schillaci, realizzata da Enzo Biagi per Raiuno – la verità. E cioè che l'ematoma all'ano di Miriam è dovuto a una malattia; che la bambola e tutto il resto sono solo prodotti della fantasia morbosa dei giornalisti; che i genitori sono due bravissime e rispettabilissime persone che adorano la figlia; e che la figlia adora i suoi genitori.

Ma come ne esce da questa vergognosa vicenda la categoria, la corporazione dei giornalisti, che non si è nemmeno preoccupata di chiedere scusa a Lanfranco e Maria Schillaci? Né quando, con la complicità di medici e magistrati, si inventò i mostri, né dopo la morte della bambina?

I giornalisti hanno un Ordine Nazionale, ben diciassette Ordini regionali e una Federazione nazionale della Stampa che li rappresentano in lungo e in largo. Ebbene, nessuno è mai stato sfiorato dall'idea di scrivere una lettera o anche un semplice telegramma agli Schillaci.

E dire che sarebbe bastata una sola riga: «Ci siamo comportati da mascalzoni. Perdonateci».

Solo nove vite

Ma non sempre i mostri forgiati col piombo hanno sembianze umane. Può capitare – è capitato – che abbiano sembianze animali. Ne sanno qualcosa i veterinari di Torino, Alessandria, Vercelli, Novara, Asti, Cuneo, ai quali la data dell'11 luglio 1991 rimarrà a lungo impressa nella memoria. Perché? Per un'invasione nei loro studi di bambini piangenti, vecchine affrante, genitori terrorizzati: tutti con i propri gatti al seguito. E con il quotidiano «La Stampa» (diffusissimo in Piemonte) in mano, aperto a pagina 11. «Attenti al gatto: può avere l'Aids / allarme in

America, contagiato il tre per cento / tenete i felini lontano dai bambini e chiudeteli in casa.» Questo il titolo (l'articolo è di Franco Pantarelli) che aveva mobilitato i clienti dei medici degli animali. Tutti spaventatissimi e comunque molto addolorati di fronte alla prospettiva di essere costretti a disfarsi dell'amatissimo micio di casa. Di punto in bianco trasformato in un mostro infetto e contagioso da un avventato articolo di giornale.

E in quella caldissima giornata estiva i veterinari piemontesi sudarono le proverbiali sette camicie per convincere i proprietari che i vari «Romeo», «Silvestro», «Miao-Miao» non rappresentavano alcun pericolo, che non potevano trasmettere l'Aids né a loro né ad alcun essere umano.

Per la semplice ragione che il Fiv (feline immunodeficiency virus), volgarmente detto l'Aids dei gatti, non è trasmissibile all'uomo. Tant'è vero che in tutto il mondo non si è mai verificato un solo caso di contagio da un gatto affetto da Fiv. Non sono stati contagiati neppure uomini che sono stati graffiati o morsi da gatti malati di «Aids felino».

Così i proprietari dei piccoli felini hanno lasciato gli studi veterinari e sono rientrati nelle loro case. Alcuni persuasi, altri no.

Chissà che fine avranno fatto gli ignari mici dei padroni più perplessi. Meno convinti, cioè, delle spiegazioni dei medici e più preoccupati della salute propria e dei figli. Il sospetto che qualche gatto piemontese abbia fatto comunque una brutta fine è forte. Sì, qualche gatto potrebbe essere rimasto vittima della comprensibile reazione suscitata dall'articolo tanto allarmante quanto bugiardo della «Stampa».

Anche perché, per dirla con Mark Twain, «la principale differenza tra un gatto e una bugia è che un gatto ha solo nove vite».

Il vibrione inesistente

C'è poi il caso dell'animale infinitamente piccolo, addirittura microscopico. Ma sempre, e comunque, mostro. Come il vibrione, un batterio agente del colera, scoperto da un gruppo di biologi nel lago del Fusaro (vi si coltivano vongole, cozze e altri frutti di mare). Una scoperta che suscita subito un grave allarme in tutto il Napoletano, dove è ancora vivo il ricordo dell'epidemia di colera del 1973.

La notizia la dà, primo fra tutti i quotidiani italiani, «Il Mattino» di Napoli: «Allarme al Fusaro / Secondo i biologi c'è il Vibrione-colera», strilla il titolo in prima pagina.[19] L'indomani, anche gli altri quotidiani pubblicano la notizia. Riprendendola, copiandola praticamente – è, questo, un antico vizio del giornalismo italiano, duro a morire – dal «Mattino». Ma senza alcuna verifica. Prendiamo ad esempio i titoli dei due maggiori quotidiani nazionali («la Repubblica» quel giorno, un lunedì, non esce). Il «Corriere della Sera»: «Su Napoli incombe la minaccia del colera»;[20] «La Stampa» si spinge più oltre annunciando che sono stati «messi fuori legge cozze, vongole, spigole e cefali inquinati».[21]

Senonché le successive, approfondite analisi disposte dalle autorità sanitarie della regione accertano che i biologi si

[19] «Il Mattino», 24-6-1990
[20] «Corriere della Sera», 25-6-1990
[21] «La Stampa», 25-6-1990

erano sbagliati: non c'è traccia di vibrioni nel lago Fusaro. E di questo tutti i quotidiani danno notizia con il giusto rilievo.

Ma le autorità del Comune di Napoli e della Regione Campania non si accontentano. E accusano la stampa di aver voluto dare, ancora una volta, di Napoli, l'immagine di una città sporca e male amministrata; e di aver provocato con la «diffusione di notizie false e tendenziose», danni ingentissimi al turismo e alla pesca.

Naturalmente giornali, giornalisti, Ordini professionali – locali e nazionali – fanno orecchie da mercante. Nessuno si preoccupa di richiamare i cronisti responsabili. Né di scusarsi o quantomeno di giustificarsi.

E dire che più di un secolo fa, esattamente nell'agosto del 1887, si verificò (a Roma invece che a Napoli) un caso del tutto analogo. Che, in pochissimo tempo, si risolse in tutt'altro modo.

Il «Corriere della Sera», e poi il «Corriere del Mattino» avevano pubblicato la notizia – poi rivelatasi falsa – di probabili casi di colera a Roma. Il sindaco dell'epoca, duca Leopoldo Torlonia, si rivolse all'Associazione della stampa (l'Ordine dei giornalisti di allora) con una lettera, in data 24 agosto 1887, in cui denunciava che si fosse allarmata «l'opinione pubblica con false notizie, prive di ogni base e fondamento e che tornano a danno della capitale d'Italia».

Appena tre giorni dopo, il 27 agosto, il presidente dell'Associazione, Clemente Levi, rispose con la seguente lettera:

«*Illustrissimo signor sindaco di Roma, prima ancora di ricevere l'appello della Signoria Vostra illustrissima, questa presidenza aveva convocato il Consiglio direttivo del-*

l'Associazione per chiedergli il suo parere intorno al fatto dalla S.V. lamentato.

« Il Consiglio direttivo, esaminata la questione, e presa conoscenza della lettera della S.V. illustrissima, ha approvato all'unanimità – valendosi dei poteri attribuitigli dall'articolo 29 dello statuto sociale – la seguente deliberazione:

« "Il Consiglio direttivo dell'Associazione della Stampa; presa cognizione dei telegrammi inviati dai corrispondenti Antonio Martino e Giovanni Dioguardi al Corriere della Sera e al Corriere del Mattino intorno alla salute pubblica di Roma e constatata l'inesistenza delle informazioni riferitevi; deplora vivamente che con tanta leggerezza si diffondano notizie capaci di allarmare infondatamente e gravissimamente l'opinione pubblica; ed esprime la fiducia che non si rinnoveranno fatti simili, i quali tornano a detrimento dell'autorità e del decoro del giornalismo".

« Nel comunicare alla S.V. illustrissima questa deliberazione, e ringraziandola in nome del Consiglio per la lusinghiera fiducia riposta nell'Associazione, sento di poterle affermare che, se la condotta dei due corrispondenti è purtroppo censurabile per deplorevole precipitazione, non fu certamente mossa da premeditata malevolenza.

« Gradisca, illustrissimo signor sindaco, i più distinti ossequi. »

Più di cento anni fa – si camminava ancora con le carrozze a cavallo – i galantuomini che presiedevano l'Ordine dei giornalisti dell'epoca risolvettero il caso « falso allarme colera a Roma » in soli tre giorni, censurando il comportamento dei due corrispondenti del « Corriere della Sera » e del « Corriere del Mattino ». Sapevano che per salvaguardare «l'autorità e il decoro del giornalismo» non potevano fare altro.

Oggi, nell'era dei jet supersonici, i galantuomini chiamati a presiedere gli Ordini dei giornalisti non hanno censurato neanche mezzo cronista responsabile (o corresponsabile) della fabbricazione di uno dei tanti mostri prodotti dalle rotative in quest'ultimo quarto di secolo.

Così, da un quarto di secolo, gli Ordini dei giornalisti dimostrano la loro assoluta inutilità.

V
I tuttologi

Se un ottimo medico, mettiamo un bravissimo otorinolaringoiatra, pretendesse, dall'oggi al domani, di fare il cardiochirurgo, sicuramente provocherebbe l'immediato intervento dell'Ordine dei medici, che gli impedirebbe di esercitare in un campo del quale sa poco o niente.

Nessuno si preoccupa, invece, di fermare la penna di quei giornalisti, magari competentissimi e molto apprezzati nei campi in cui si sono specializzati, che si avventurano in altri campi che presumono di conoscere. Tanto bene pretendono di conoscerli, che si azzardano a trattarli, più o meno diffusamente, in articoli. Dove, fatalmente, le gaffe e gli strafalcioni sbocciano come le belle di notte dopo il tramonto.

Per la verità, non è recentissima e non riguarda solo gli italiani l'ambizione dei giornalisti di conseguire una laurea in tuttologia.

Già nel 1910, Karl Kraus, autore di splendidi saggi contro la sciatteria e il malcostume della stampa, confessava di sentirsi quasi oppresso dall'idea «che un giornalista scriva altrettanto bene su una nuova opera letteraria e su un ordine del giorno in Parlamento». Il giornalista – ironizzava il grande scrittore austriaco – vorrebbe «insegnare senz'altro ad un batteriologo, ad un astronomo e anche ad un parroco. E se gli capitasse fra i piedi uno studioso di matematiche superiori, lui gli proverebbe di essere a casa sua anche nelle matematiche superiori».

Due teologi da Londra

Tutti i quotidiani pubblicano la notizia che una donna inglese ha chiesto ai medici di aiutarla ad avere un figlio, rimanendo vergine. Di essere cioè fecondata coll'inseminazione artificiale, mantenendosi illibata.

I corrispondenti da Londra di un paio di quotidiani colgono l'occasione per improvvisarsi nientepopodimenoché teologi. Sono Leonardo Maisano del «Giornale» che si avventura in un paragone con «la celebre Immacolata Concezione che giace alle radici del Cristianesimo».[1] E Mino Vignolo del «Corriere della Sera», che ci scherza pure su, scrivendo di «una richiesta di lasciapassare per l'Immacolata Concezione».[2]

A parte il cattivo gusto di scherzare con un dogma della fede cattolica, mancando di rispetto a chi ci crede, si tratta di uno strafalcione sesquipedale. L'Immacolata Concezione, infatti, non ha niente a che vedere con la verginità della Madonna, né col concepimento di Gesù.

C'entra, semmai, col concepimento di Maria da parte di sant'Anna, la nonna di Gesù. Nel senso che è ad Anna che fu concesso il privilegio di concepire una figlia immacolata. Ma immacolata significa immune dal peccato ori-

1 «il Giornale», 15-3-1991
2 «Corriere della Sera», 15-3-1991

ginale, non illibata. In altre parole, poiché Maria era stata prescelta per generare il figlio di Dio, il Padreterno non volle farla nascere come tutti gli altri discendenti di Adamo ed Eva, i quali, per aver colto il frutto proibito, si erano macchiati del peccato originale. Ed erano stati scacciati dal Paradiso Terrestre, il biblico Eden.

Non è affatto vero, poi, che l'Immacolata Concezione «giace alle radici del Cristianesimo», come scrive il corrispondente del «Giornale». Per circa due millenni essa fu oggetto di dispute teologiche, fra chi ci credeva e chi no. Memorabile quella che oppose l'incredulo san Bernardo di Chiaravalle a Ugo di san Vittore nel XII secolo.[3] Se ne discusse persino al Concilio di Trento, nel XVI secolo, ma senza venirne a capo. Poi, Pio IX, al secolo Giovanni Maria Mastai Ferretti, pose fine alle dispute proclamando l'Immacolata Concezione un dogma della fede cattolica, apostolica, romana. Era l'8 dicembre del 1854.

Tutti, anche i non credenti, dovrebbero avere un sacrosanto rispetto per chi ha fede. Non si scherza con queste cose.

Anche perché impegolarvisi significa quasi sempre guadagnarci una pessima figura.

Dilettanti allo sbaraglio

Nella sua più recente storia, il primo grande quotidiano italiano, il «Corriere della Sera», ha attraversato alcuni brutti momenti.

[3] E Dante tifò per quest'ultimo, come dimostrano i primi versi del trentatreesimo (e ultimo) canto del *Paradiso*: « Immacolata Maria, Madre del tuo figlio umile e sublime creatura ».

Una grave scissione. Numerosi suoi ottimi giornalisti, guidati da Indro Montanelli, decisero di abbandonarlo (sotto la direzione di Piero Ottone era diventato troppo filocomunista) per fondare «il Giornale».

Il micidiale intervento della P2. Approfittando delle gravi difficoltà finanziarie dell'editore «pro tempore» Angelo Rizzoli, la loggia massonica se ne impadronì.

Il bruciante sorpasso di «Repubblica». La perdita di credibilità dovuta allo scandalo P2 costò al «Corriere» un gran numero di copie vendute in meno, mentre «la Repubblica» ne guadagnava sempre di più. E per la prima volta nella storia del giornalismo italiano, il quotidiano di via Solferino perdette il suo primato nelle vendite (anche se per un solo anno, il 1987).

Oggi tutto questo è acqua passata. La grande scissione brillantemente superata, il micidiale intervento completamente annullato (e da tempo, grazie al nuovo editore, la Fiat), il clamoroso sorpasso soltanto un brutto ricordo. Il «Corriere della Sera» è tornato ad essere il primo grande quotidiano italiano. Per serietà, prestigio, diffusione e numero di copie vendute.

Nessuna meraviglia, quindi, quando il «Corriere» pubblica, in prima pagina, una notizia che non ha nessun altro quotidiano. «Così cambierà il Parlamento» è il titolo su cinque colonne «meno doppioni tra Camera e Senato, meno deputati e senatori.»[4] Vuoi vedere – pensano subito gli affezionati lettori del quotidiano di via Solferino – che tutti i partiti si sono finalmente messi d'accordo su una importantissima riforma istituzionale, quella del Parlamento? Vuoi vedere – hanno sperato, visto il titolo così pe-

[4] «Corriere della Sera», 9-1-1990

rentorio – che l'accordo è stato sottoscritto in gran segreto da tutti i Segretari e che di questa storica riunione è venuto a conoscenza solo il «Corriere»? Il quale ha così dato un clamoroso «buco» agli altri giornali?

Ma nell'articolo di Roberto Zuccolini (un cronista che di politica non si è mai occupato, e in Parlamento forse non ha mai messo piede) si legge solo di «proposte elaborate dalla commissione affari costituzionali del Senato». Le quali, se approvate «cambieranno, almeno in parte, il sistema legislativo della Repubblica». Tutto qui? Sì, tutto qui: quindi niente incontri segreti e niente storiche decisioni per riformare il bicameralismo perfetto del nostro Parlamento.

Ma quali sarebbero queste proposte (che non si sa se e quando saranno mai approvate) di cui scrive Zuccolini? Dividere «le materie tra le due aule». Per cui «la Camera dovrebbe interessarsi di tutte le leggi che riguardano le normative comunitarie, mentre il Senato si occuperebbe di disegni legislativi per le Regioni, come ad esempio alcune leggi-quadro».

E delle leggi riguardanti l'industria, l'agricoltura, la giustizia, i trasporti, la scuola, la sanità, l'ambiente, il fisco, la lotta alla criminalità e altre bagattelle del genere, chi si occupa? Le assemblee di condominio? I consigli comunali? Questo non lo spiega Zuccolini.

Il quale spiega invece come sia stata messa da parte la proposta del compianto liberale Aldo Bozzi di affidare «al Senato il potere di legiferare, e alla Camera quello di controllare».

E anche qui non ci siamo. Aldo Bozzi propose esattamente il contrario: e cioè di affidare alla Camera il compito di fare le leggi e al Senato quello di controllare l'attività di governo.

Secondo Zuccolini, infine, sarebbe stata accantonata anche la proposta di una «divisione temporale dei compiti: un anno la Camera si occupa della Difesa, un altro anno degli Esteri, e così via».

Ebbene, questa proposta così assurda non l'ha mai fatta nessuno. Non esiste. Non è mai esistita. Zuccolini se l'è completamente inventata.

Dell'attività di un'altra commissione del Senato – la commissione Agricoltura – riferisce, sempre sul «Corriere della Sera», Luciano Mondini, in un articolo dal titolo «Il piano carne è già fallito».[5] E, nel fare la storia di questo «piano carne», racconta di quando «l'allora ministro dell'Agricoltura intervenì» (proprio così con l'accento sulla «i»). E poi di come le varie associazioni di industriali, commercianti, importatori di carne, abbiano fatto fronte comune, dimenticando le antiche divisioni. «In caso di pericolo» scrive, «evidentemente, le divisioni si ricuciscono.» Proprio così, terza persona plurale, presente indicativo, del verbo «ricuciscere».

Poiché Mondini coniuga i verbi come Zuccolini fa le riforme istituzionali, è lecito porsi una domanda: con questi dilettanti allo sbaraglio, riuscirebbe il «Corriere» a superare un altro eventuale brutto momento come quello attraversato quando la P2 *intervenì*?

Ma sì: un grande giornale assorbe, aggiusta, *ricucisce* tutto.

[5] «Corriere della Sera», 7-1-1990

Che è mai la vita?

Sul «Corriere della Sera» il sociologo Francesco Alberoni si indigna contro *Eunuchi per il regno dei cieli*. Un libro – scrive – «impregnato di odio, intossicato dall'odio per la Chiesa cattolica e per i suoi preti. Un odio femminista e protestante».[6]

Dispiace contraddire il professore, ma: A) Uta Ranke-Heinemann, l'autrice (da lui non nominata) del libro non è protestante, è cattolica: fa addirittura la teologa, e insegna Storia della Chiesa all'università di Essen; B) non c'è alcun odio per la Chiesa e tanto meno per i preti in un solo rigo di *Eunuchi per il regno dei cieli*. Al contrario, l'autrice si prende a cuore la difficile condizione del prete costretto al celibato dall'assurda ma secolare e radicata misoginia della Chiesa. E cerca di dimostrare che questo atteggiamento non ha alcun fondamento né nel Vecchio, né nel Nuovo Testamento; C) prima di indignarsi con un libro, forse sarebbe meglio leggerlo.

Ma Francesco Alberoni, il critico letterario lo fa solo a tempo perso. Da anni tutti i lunedì, sulla prima pagina del «Corriere della Sera», il poliedrico professore esibisce la vastità dei suoi interessi e la sua grande versatilità.

Ai lettori – che, assicurano al «Corriere», sono numerosissimi e affezionatissimi – piace questo scienziato multiforme che dilata il suo sapere in tutte le direzioni e ne fa dono attraverso le chiacchiere degli scompartimenti ferroviari e le relazioni dell'accademico, le sentenze del barbiere e gli appelli dei politici, i proverbi del nonno e i saggi degli esperti. Lui lo sa, e non si risparmia.

[6] «Corriere della Sera», 25-1-1990

Fa il Linguista. « Ci sono due modi di scrivere: uno chiaro, preciso, che tutti capiscono, e uno oscuro, complicato, difficile, spesso sovrabbondante. Il primo è una strada, il secondo una serie di viottoli che conducono in tutte le direzioni. »[7]

Fa lo Storico. « Mussolini non era un grand'uomo. Era un mediocre con le idee confuse. Ma quando parlava, le donne avevano l'orgasmo e gli uomini piangevano commossi. »[8]

Fa il Poeta. « Corrosi i canali ideologici in cui scorrevano / la passione e la rabbia colano fuori come acqua sporca. »[9]

Fa l'Europeista. L'integrazione europea, per realizzarsi, ha bisogno anche di superare la babele delle lingue e dei linguaggi: tedesco, inglese, francese, italiano, spagnolo ecc. Di qui la difficoltà di comunicare nelle riunioni scientifiche, culturali, politiche, economiche e così via. E allora basta con i party « dove le persone si aggirano con un bicchiere in mano, da un gruppo a un altro salutando un viso noto in mezzo a cento sconosciuti, con l'impressione di avere tanto da chiedere, da ricevere, da dare, e invece non hanno nulla. All'opposto del party c'è la festa». È questo « il brodo emozionale collettivo in cui dobbiamo immergerci per trovare una lingua comune. Per riuscire la nuova Europa ha bisogno anche di questa dimensione bizzarra, capricciosa, emozionale, immotivata. Ha bisogno di una festosa amicizia».[10]

7 « Corriere della Sera », 30-4-1990
8 « Corriere della Sera », 7-5-1990
9 « Corriere della Sera », 21-5-1990
10 « Corriere della Sera », 4-6-1990

E che dire infine dell'Alberoni filosofo? Sembra ossessionato dalla ricerca di una definizione della vita. Eccone un paio. « La vita è un continuo processo di adattamento a situazioni nuove, impreviste e imprevedibili. »[11] « La partita di calcio, è una metafora della vita. Nella partita come nella vita nessuno di noi è, in realtà, un giocatore isolato. Tutti abbiamo bisogno del passaggio giusto. »[12]

Eh sì, la vita. Tornano in mente alcuni celeberrimi versi del *Jaufrè Rudel* di Giosuè Carducci:

« Contessa, che è mai la vita?
È l'ombra di un sogno fuggente.
La favola breve è finita,
il vero immortale è l'amor ».

Con tutto il rispetto per il grande poeta versiliese, forse si potrebbero adattare così:

Maestro, che è mai la vita?
Coi luoghi comuni che ho in mente
la poesiola breve è finita:
se il vero immortal è l'amor
la vita è meglio di niente.

738 anni di meno

Durante la guerra del Golfo l'« Europeo », decide di soddisfare la curiosità dei lettori sulle origini e sulla storia dell'Iraq, nominando storiografo un suo redattore, Massimo Dini.

Dini ci si mette d'impegno curando la pubblicazione di

[11] « Corriere della Sera », 2-7-1990
[12] « Corriere della Sera », 9-7-1990

un inserto di 16 pagine. Nel quale si può leggere che «quando l'Iraq si chiamava Mesopotamia, Babilonia era stata un faro di civiltà per duemila anni».[13]

Esagerato! Gli anni furono al massimo 1262 (cioè oltre sette secoli di meno di quanto scrive l'«Europeo»). Infatti fu Ammurabi, nel 1800 a.C. circa, a fare di Babilonia – conosciuta anche come Babele, la Babele della biblica torre – la capitale di un impero. Un impero che dopo alterne vicende cessò definitivamente di esistere quando Ciro il Grande, il fondatore dell'Impero persiano, conquistò Babilonia. Correva l'anno 538 avanti Cristo.

L'«Europeo» scrive poi che quando la «Bagdad araba era la capitale del Califfato Abbassìde, il suo dominio si estendeva dalla Cina all'Africa».[14]

Qui lo svarione è doppio. Perché al tempo degli abbassìdi le conquiste arabe in Occidente erano arrivate in Spagna, quindi ben oltre l'Africa. In Oriente, invece, si erano spinte al massimo fino all'attuale Pakistan. In Cina gli arabi non misero mai piede. Del resto neanche il più vasto impero di tutti i tempi, l'impero mongolo – alla cui costruzione contribuì notevolmente proprio il conquistatore di Bagdad, Ulagu, nipote di Gengis Kan – si estese dalla Cina all'Africa. In Africa i mongoli non misero mai piede.

Questi dilettanti, questi improvvisatori, questi tuttologi: sapete chi non li poteva soffrire? Il grande Voltaire. Al grande filosofo, scrittore e autore di teatro, un giorno una gran dama, che aveva la presunzione di credersi critico teatrale, gli mandò una sua recensione con la quale stron-

[13] «Europeo», 1-3-1991
[14] «Europeo», 1-3-1991

cava una tragedia da lui appena messa in scena, l'*Oreste*. «Horeste di qua, Horeste di là, Horeste di su, Horeste di giù»: quattro pagine fitte fitte.

Voltaire le rispose con una sola riga: «Madame, Oreste non si scrive con l'acca».

VI
Io, io, io...

È così « speciale » che riesce a descrivere con lo stesso pathos di una corrispondenza di guerra anche una pacifica invasione di turisti ad agosto.

Sempre testimone di eventi straordinari, spesso esploratore solitario di strade disseminate di pericoli, qualche volta temerario, qualche altra pauroso, l'inviato « davvero speciale » è il protagonista assoluto degli avvenimenti.

L'eroica resistenza dei vietcong come la calca nella celebre Piazzetta di Capri, la guerra del Golfo come la caduta di un valanga, una strage della mafia come le nozze di un rampollo dei reali d'Inghilterra: tutto si sublima attraverso l'io narrante. Io qua, io là, io giù, io su.

Se il lettore vuole sapere cosa è successo in Vietnam o a Capri, nel golfo Persico o al Sestrière, a Taurianova o a Londra, deve sorbirsi il racconto delle piccole, grandi avventure – ma anche dei fatterelli privati (e non di rado privatissimi) – capitati all'inviato davvero speciale.

Quando scappa, scappa

Onusta di gloria, veterana di cento conflitti (l'hanno soprannominata « la nonna di tutte le battaglie ») la scrittrice

Oriana Fallaci non può certo restarsene a casa mentre infuria la guerra del Golfo.

Ingaggiata dal «Corriere della Sera», in una delle sue ultime corrispondenze dal fronte, ecco la Fallaci raccontarci un'avventura davvero straordinaria capitatale durante la ritirata degli iracheni dal Kuwait.

«Passata Kafji» scrive l'inviata del «Corrierone» «su un rettilineo dove sostavano venti automezzi della First Assault Anfibion, il sergente Christopher Grey disse: "I must urinate. Devo urinare". E il Warrant Information Officer Eric Carlson aggiunse: "I do too. Io pure". Allora l'autista del camion fermò, e scesi con loro. Non esisteva neanche un cespuglio di licheni cui chiedere un po' di privacy nel deserto che si stendeva ai lati della strada, ma a circa duecento metri avevo adocchiato un casotto di lamiera che sbucava dalle dune. E mi era parso un luogo eccellente per risolvere il maggior problema che una donna debba affrontare alla guerra: quello di fare pipì.»[1]

Dunque: a parte l'enorme interesse che certissimamente suscita la privatissima necessità corporale dell'inviata, si apprende finalmente qual è «il maggior problema di una donna durante una guerra». Non è come ripararsi dal fuoco, dalle pallottole e dai bombardamenti. Non è come riuscire ad indossare tuta e maschera antigas in appena 2-3 minuti. Non è come mangiare o come bere. No, non sono questi elementari bisogni. È un bisognino.

Ma andiamo avanti, non indugiamo oltre: chi non è ansioso di conoscere il seguito di questa strabiliante avventura?

«Raggiunsi il casotto di lamiera» scrive la Fallaci «e vi entrai. Stavo risolvendo il problema quando udii una

[1] «Corriere della Sera», 26-3-1991

voce roca che mugolava: "Bush! Bush, Bush!". Alzai lo sguardo e dinanzi a me c'erano quattro uniformi verde bottiglia, cioè quattro soldati iracheni. Disarmati, laceri, secchi. I soldati più secchi che avessi mai visto dopo il poveretto intervistato a Kuwait City. Il più anziano teneva le braccia sollevate e piangeva.

«Beh, piangenti o no, secchi o no, laceri o no, disarmati o no, sfido chiunque a comportarsi così con disinvoltura dinanzi a quattro soldati iracheni che ti sorprendono mentre fai pipì in mezzo al deserto.» Così, «invece di affrontarli, scappai».

Se qualcuno vuole raccogliere la sfida faccia pure. Ma sappia che l'avventura si conclude, ahimè, senza ulteriori colpi di scena. La veterana, anche se comprensibilmente imbarazzata, sa benissimo come ci si deve comportare in questi frangenti scabrosi: avverte i militari americani che – avendo già risolto i loro «problemi» – fanno prigionieri i quattro iracheni.

Alberto Sordi a Riad

Croce e delizia di quasi tutte le redazioni, gli epigoni della Fallaci – o meglio: i suoi nipotini – ignorano il distacco, la misura, il rigore del sempre decantato, ma pochissimo imitato, giornalismo anglosassone. Un po' grafomani, nelle loro corrispondenze quasi mai ci risparmiano lunghi racconti di episodi improbabili, fantastici o inventati.

Fra gli specialisti di questo genere si segnala Claudio Bernieri, inviato dell'«Europeo» nel golfo Persico.

Un improbabile arresto. In una corrispondenza dal titolo «Le mie prigioni», Bernieri scrive: «Qualcuno mi sta seguendo: una spia irachena? Una pattuglia saudita? La polizia militare americana? Lo scoprirò presto: mi trovo a el Antullah, una cittadina abbandonata, scavata dal vento del deserto. Mi volto spaventato: qualcuno è dietro di me, appostato tra le case sbrecciate. Un silenzio terrificante è nell'aria: potrei essere scambiato per un partigiano kuwaitiano, e preso a fucilate da commandos iracheni; oppure confuso per un terrorista palestinese, e ucciso dagli yankee».

Mamma mia, che paura! E che fegato, questi piccoli Hemingway! Bravissimi, oltretutto, nell'avvincere il lettore con una probabile atmosfera da batticuore, utilissima per incartare e infiocchettare un'improbabile avventura.

«Sento all'improvviso» prosegue Bernieri «lo scatto di un'arma automatica, e mi volto: c'è un mitragliatore puntato verso di me e una voce, nello slang con le "o" e le "a" aperte della Georgia, marca *Via col vento*, mi dice: "Alza le mani, oggi mi sento cattivo!". Io alzo le mani.

Avanzo verso altri soldati accorsi. Dall'alto di un autoblindo, comparsa come per incanto, un soldato, un marine americano, mi sfotte: "Ti aspettavo per farti il cazziatone". Rispondo inviperito: "Devi avere il sedere rosso come una scimmia a forza di stare seduto sul sedile di latta con la tua mitraglia".»[2]

Quante probabilità ci sono che un corrispondente di guerra italiano, mentre passeggia in una città fantasma, venga fermato da un soldato americano che, parlando come Rhett Butler, gli dica di volergli fare un «cazziatone»? E quante probabilità ci sono che il giornalista italiano capisca tanto

[2] «Europeo», 1-3-1991

bene lo « slang della Georgia », da rispondergli per le rime?

Quante probabilità ci sono, infine, che l'impaurito giornalista sia così ardito, sereno, baldanzoso e padrone di sé e della lingua inglese da dire al soldato – ben piazzato sulla autoblindo e con mitraglia in mano – che ha « un sedere rosso come una scimmia »?

Due personaggi fantastici. Sono un ufficiale saudita e un tassista incontrati dall'inviato del settimanale a Riad e vicino Dhahran.

Il capitano dell'esercito saudita, tale Ahmad, conosce così bene l'Italia e le magagne del suo Parlamento, da apostrofare il nostro corrispondente con queste testuali parole: « Italiano? Cicciolina! E voi l'avete pure eletta al Parlamento. Ecco perché noi sauditi diffidiamo della vostra democrazia. Noi preferiamo la tradizione. La Cicciolina puah! ».[3]

Non risponde, questa volta, il nostro immaginifico inviato. Anche ad uno con le sue doti può capitare – ma solo ad ogni morte di papa, intendiamoci – che la fantasia faccia cilecca. Peccato, perché questo straordinario ufficiale saudita italianista esce di scena.

Ed entra un « tassista pakistano che ha vissuto molti anni a Roma e parla perciò come Alberto Sordi ». Da questo nuovo personaggio l'inviato del settimanale si fa scarrozzare per Riad.

Sentiamo che gli dice, questo tassinaro, il quale chiama « strillone » il muezzin che incita i fedeli musulmani alla preghiera: « Lo sente lo strillone? Se sparge dappertutto. Invece per l'allarme aereo hanno messo quattro sirenette in giro che nun se sente proprio gnente. Potevano utilizzà

[3] « Europeo », 22-2-1991

gli altoparlanti delle moschee ma non hanno voluto mischiar il sacro e il profano».

«Sorrido» ci comunica soavemente il Bernieri «così il tassista attacca bottone. "Stasera pe' me c'è sta pericolo, cà... Pò arrivare il fischione di Saddam [il popolino chiama così i missili Scud]. Saddam tira un fischione ogni venerdì sera, perché la gente dopo un giorno di festa nun ha riposato. E lui non la vo' fa' dormì: è come se da voi tirassero un missile la domenica sera..."»

«Hanno detto che ci sono stati un morto e 54 feriti» dice infine l'Alberto Sordi pakistano, mostrando all'inviato dell'«Europeo» un palazzo distrutto da uno Scud iracheno. «Bonanotte! Il morto e li feriti erano negli appartamenti investiti dai vetri, ma gli altri sotto il montarozzo del palazzo colpito sa quanti erano? 99! Mortacci vostra, e poi i giornali scrivono che c'è stato solo un morto! Sì, lo so, è stato il re che ha detto: è per nun dà soddisfazione a Saddam.»[4]

I fantastici personaggi incontrati dal nostro inviato sono usciti da un fumettaccio mal disegnato e peggio sceneggiato? Sembra di sì, se si conoscono anche le vere e proprie invenzioni che l'autore ha immaginato per dare ancor più colore alle sue corrispondenze di guerra.

Le invenzioni. Bernieri scrive di aver visto «poliziotti sauditi armati di moschetti novantuno».[5]

E questa è la prima balla. Di moschetti novantuno, forse, ce n'è rimasto qualcuno in qualche museo. Perché si tratta dei fucili usati dalla fanteria italiana durante la prima guerra mondiale.

[4] «Europeo», 15-2-1991
[5] «Europeo», 1-3-1991

L'inviato dell'« Europeo » scrive anche di aver visto più volte delle « scimmie, dei babbuini, tra le dune del deserto saudita ».[6]

Questa è la seconda frottola. Non ci sono scimmie nel deserto saudita, un deserto senza alberi né acqua, dove le scimmie non potrebbero sopravvivere.

Bernieri, infine, racconta di avere incontrato nella base militare di Dhahran, « battaglioni di truppe svedesi ».[7]

Questa è certamente la più grossa. Della coalizione antiirachena facevano parte ben 33 paesi: dall'Argentina all'Ungheria, dalla Corea del Sud al Senegal. Ma la Svezia non ha messo piede nel golfo Persico: né con un uomo, né con un mezzo. Per la semplice ragione che la Svezia è un paese neutrale da quasi due secoli. L'ultima guerra, anzi le ultime battaglie, le combatté contro Napoleone Bonaparte, sul suolo francese, nel gennaio-marzo del 1814.

Un'idea pericolosa

Rischi di natura diversa, ma non per questo meno seri, fronteggia Piero Degli Antoni del « Giorno », inviato in una discoteca di Milano, la Nuova Idea, per raccontarci di una grande festa gay.

È così preoccupato, Degli Antoni, di poter fare chissà quale brutta fine, che prima di trasferirsi nel locale del vizio pensa bene – lui, eterosessuale a 24 karati – di accomiatarsi dalla sua redazione. « Saluto i colleghi con qualche perplessità » scrive « e mi avvio. Il servizio è di quelli che inevitabilmente arrazzano [sic] le alte gerarchie gior-

6 « Europeo », 1-3-1991
7 « Europeo », 22-2-1991

nalistiche, e che invece gettano nello sconforto chi è incaricato di sgobbarlo.»

Una volta entrato nel locale, il problema è come uscirne indenne. Un problema che il nostro risolve manovrando, sapientemente, le sue pupille. «Trascorro il primo paio d'ore» racconta il protagonista di questa avventura potenzialmente corruttrice «gironzolando per gli oscuri locali, guardando ora il gigantesco schermo televisivo con disinibiti giovanotti che trotterellano sulla battigia nell'abito che già fu di Adamo, ora sorvolando sugli sgargianti avventori con fugaci occhiate che non inducano in spiacevoli malintesi.»

È in virtù di questo più che oculato comportamento che, conclusa la licenziosa festa, Degli Antoni può annunciare trionfante: «arrivo incolume a mezzanotte».

Tuttavia, poiché non si può mai sapere, e magari quando si crede di averla scampata bella, proprio all'ultimo minuto può arrivare qualcuno alle spalle con cattive intenzioni, il nostro decide di uscire dal locale «in silenzio, guadagnando a ritroso l'uscita».

Così l'avventura si conclude a lieto fine: il bene ha trionfato sul male, l'onestà sulla corruzione, l'etero sull'omo, l'illibatezza sulla turpitudine.

Indiana Jones in Aspromonte

Una mirabolante avventura è capitata pure a Vittorio Feltri, inviato dal «Corriere della Sera» in Calabria, per un'inchiesta sulla 'ndrangheta.

Da solo e in automobile, l'inviato speciale visita le zone più impervie dell'Aspromonte e i piccoli paesi ad alta densità mafiosa. Una visita che ci racconta in un ampio servizio dal titolo «Viaggio in Aspromonte: lungo i sentieri della paura».[8]

Prima Bovalino, poi Platì («2500 abitanti, 400 pregiudicati, 150 diffidati, 80 sorvegliati», computa l'intrepido giornalista del «Corriere»), sono presto raggiunti. Ma bisogna arrampicarsi più su, ancora più su, verso Oppido, verso il passo della Rondinella, fino al pianoro dello Zillastro dove – ricorda Feltri – «è avvenuta la maggior parte dei versamenti per i ricatti dei sequestri».

Dopo circa 28 chilometri ecco la grande avventura. Altro che Barzini durante la guerra russo-giapponese! Altro che Montanelli fra i carri armati sovietici a Budapest! «Una mucca dal mantello fulvo che mi fissa con fare interrogativo» scrive Feltri «si pone di traverso sulla rotabile.» A nulla valgono «le invettive, le minacce», il suono del clacson e «perfino un sasso» lanciato contro la bestia. La mucca non si sposta. Anzi, con un poderoso muggito chiama rinforzi: «e una dozzina di altre vacche sbuca dalle siepi e circonda la vettura».

A questo punto né il Tasso, né l'Ariosto e forse nemmeno Omero potrebbero descrivere le epiche gesta del nostro eroe. E allora accontentiamoci del suo racconto: «vinto, mi siedo sul lato a valle del viottolo per riflettere sulla delicata congiuntura. Pensieri cupi che mi ronzano in testa e non riesco a scacciare, mentre una strana inquietudine mi rende impaziente di fare qualcosa, ma non so cosa. C'è di tutto, anche la solitudine, per morire di paura. Tanto più che se c'è la mandria, ci sarà in giro anche il pastore, e dato che in questa località poco ridente la figura del pa-

[8] «Corriere della Sera», 27-10-1991

store coincide con quella del sequestratore, che potrei raccontargli qualora si materializzasse e mi chiedesse conto della mia presenza nel sito? Che sono un verde in cerca di emozioni in tinta? ».

Poi, anche se « in preda al panico », l'inviato del « Corriere » prende il coraggio a due mani (forse avrà pensato: che farebbe Indiana Jones al mio posto?). Così avvia l'auto « deciso a compiere una strage di mucche. Le quali, intuito che non scherzo, e sentendo il motore al massimo, infastidite, si immergono nella selva ».

La strada è finalmente libera. Più su, sempre più su, e sempre con sommo sprezzo del pericolo. Dopo un po' il pianoro dello Zillastro è conquistato, il passo della Rondinella valicato.

Fine dell'avventura, fine del servizio. Fine dell'inchiesta. Fine di tutto...

VII

Boh!

Un settimanale dura, sì e no, qualche giorno; un quotidiano appena ventiquattr'ore. Giulio De Benedetti, il grande direttore della «Stampa» negli anni cinquanta e sessanta, diceva che «il giornale di ieri è come il giornale dell'anno scorso». I giornalisti sanno benissimo di essere degli specialisti dell'effimero: i loro prodotti, se non vengono consumati ancora freschi di stampa, deperiscono subito, non servono più. Per questo fanno di tutto per rendere appetibili, godibili, interessanti, i loro articoli.

Non tutti però ci riescono. Alcuni giornalisti – pochi per la verità – sembrano prodigarsi affinché le loro fugaci creazioni non sopravvivano neanche per quel breve giorno in cui sono partorite. Con una scrittura criptica, accademica, latineggiante, incomprensibile, scoraggiano anche il lettore più attento e preparato. Il quale, dopo aver letto e riletto le frasi ampollose, contorte, ambigue, intessute con termini gergali, capisce una cosa sola: che neanche un genio può penetrare l'oscurità di un autore, se anche questi è avvolto nelle tenebre del suo pensiero.

Così il lettore si arrende, e rivolge la sua attenzione a

un altro articolo, a un'altra pagina. E qualche volta a un altro giornale.

Un'attenuante

All'ex direttore del Tg1 Nuccio Fava, l'inflessibile critico televisivo Beniamino Placido non gliene perdonava neppure una. Gli pubblicava (nella sua rubrica su «Repubblica») il testo stenografico di ogni commento, di ogni editoriale che non aveva brillato per chiarezza.

Come questo, andato in onda dagli schermi del telegiornale il 29 marzo 1987, alla vigilia del Congresso socialista di Rimini:

«Pur alle prese con una crisi così difficile, non è tanto l'attualità stringente che caratterizzerà il Congresso socialista di Rimini. Soprattutto il problema sarà quello di un discorso di prospettiva e non a caso fra le tante proposte del nuovo riformismo di Craxi c'è la proposta di elezione diretta del Capo dello Stato, che oltre al giudizio che ciascuno di essa può dare, pone però il problema dei rilevanti mutamenti istituzionali, dei rilevanti cambiamenti del nostro sistema politico che il Partito socialista ritiene necessari. Prospettiva dunque come tema fondamentale del ruolo del Psi nei prossimi anni; sulla quale cade l'interrogativo della affidabilità; posto da De Mita in questi giorni, nel caldo della crisi; ma che vale sia rispetto alla maggioranza, l'ipotesi di maggioranza ancora del pentapartito, non meno che in prospettiva, nell'eventuale ipotesi di una alternativa da costruire. E nell'un caso e nell'altro, nel Congresso ci sarà l'interrogativo sul problema di fondo che ha caratterizzato specie questi ultimi quattro anni di presidenza socialista di Craxi a Palazzo Chigi; il discorso cioè della governabilità e della stabilità. In che modo, in ultima analisi, il Partito socialista intende garantire questi risultati importanti: stabilità e governabilità, nel momento in cui non dovesse essere Craxi, non dovesse essere un socialista a guidare il governo, a guidare la coalizione?».

Certo, Placido aveva ragione: ci si capisce poco o niente. Tuttavia a Fava un'attenuante va riconosciuta: l'ex direttore del Tg1 parlava a braccio. Non scriveva né rileggeva i suoi commenti. I giornalisti dei quotidiani e dei periodici a stampa, invece, i loro articoli li scrivono e li rileggono. Non solo: ma questi, prima di essere pubblicati, sono rivisti almeno un altro paio di volte dai capiservizio e dai capiredattori.

Le sovranità confliggenti

Sulla prima pagina del «Tempo» di Roma, Domenico Fisichella, editorialista politologo, chiarisce – era ora! – perché mai si parla tanto e da tanto tempo di riforme istituzionali, ma non se ne fa niente.

«Sul terreno delle riforme istituzionali», scrive Fisichella «alla contrapposizione dei progetti nella loro rigidità, o talvolta nella loro indeterminatezza, occorreva sostituire la ricerca di quanto in qualche modo risultasse possibile perseguire su base di comune cooperazione, fermo restando che il campo delle impossibilità (dal presidenzialismo di bandiera socialista alla riforma elettorale di bandiera democristiana) rimaneva e si confermava come lo spazio più ampio, che però non escludeva e non esclude l'individuazione di talune aree di convergenza.»[1]

[1] «Il Tempo», 9-8-1991

Tutto è perduto allora? Non sapremo mai perché non si fanno, queste benedette riforme istituzionali? No, non tutto è perduto: la speranza di un chiarimento non è morta.

«Perché» ci conforta Fisichella «Francesco Cossiga ci ha consentito di compiere un passo avanti sulla via del chiarimento, inducendoci a prendere atto dei nervi effettivi del problema, dell'intreccio storicamente ricorrente delle sovranità confliggenti e reciprocamente paralizzanti.»[2]

Dalle «convergenze parallele» di morotea memoria, alle «sovranità confliggenti» sono passati trent'anni. Invano.

Un vicolo cieco

Ma per un politologo discettare di politica interna oppure di politica estera non fa alcuna differenza. E Fisichella ce la mette tutta per fornire ai lettori del «Tempo» ragguagli sul colpo di Stato in Unione Sovietica dell'agosto 1991. Perché Gorbaciov è stato deposto e la perestrojka è fallita? «Perché» spiega Fisichella «la ristrutturazione è insita nel concetto stesso di rivoluzione permanente, centrale nell'immaginario comunista, ed esprime l'esigenza dinamica del regime e del movimento che lo gestisce.»

Chiaro, no? Come, non è ancora chiaro? Allora eccovi un'ulteriore, sfolgorante delucidazione dell'editorialista del quotidiano romano.

«Se la contraddizione intimamente nichilista insita nella affermazione contemporanea di due primati (quello dell'economia e quello del partito unico) è stata a lungo metabolizzata dal sistema sovietico sia in virtù dei suoi meccanismi mobilitazionali e repressivi, sia grazie alle circostanze

[2] «Il Tempo», 27-7-1991

inerenti alla situazione internazionale, da una certa fase in poi le difficoltà immense della crisi economica e amministrativa hanno spinto Mikhail Gorbaciov a cercare la strada di un modello di sviluppo capace di fare uscire l'impero, interno ed esterno, dal vicolo cieco.»[3]

Beato il lettore che ha capito. Che non pensa di essere stato proditoriamente trascinato in un vicolo cieco. Beato chi ha un solo occhio in una terra di ciechi.

Nuovi strumenti di tortura

Solo i giornali di destra come «Il Tempo» impegnano le loro rotative per questo genere di analisi sui grandi sconvolgimenti sovietici dell'estate 1991? Giammai: (quando) s'ode a destra uno squillo di tromba / a sinistra risponde (sempre) uno squillo.

Fallito il colpo di Stato, in un articolo intitolato «Urss / non riformabilità e nuovi percorsi» Silvia Boba fa girare le rotative del «manifesto» per spiegare quali strade potrà percorrere e a quali modelli potrà rifarsi l'annunciata riforma dell'economia sovietica.

«Non sono certo utili come esempio» scrive la Boba «le cosiddette economie di nuova industrializzazione (NIC) totalmente extravertite.»

Bene. Gorbaciov ed Eltsin sono avvertiti, anzi *extravvertiti*: non ci provino con le «NIC».

Ma ecco le rotative sferragliare di nuovo, e Silvia Boba spiegarci che in Urss «abbiamo non solo la perdita di un'occasione storica, ma la prospettiva di lunghi, caotici anni di difficoltà. Non vediamo comunque come l'una o l'altra

[3] «Il Tempo», 21-8-1991

possa decretare l'obsolescenza dell'intento, diremmo del dovere pratico, di continuare a ricercare le cause sistemiche delle ingiustizie e delle mancate libertà in cui annaspiamo, delle mafie che occupano i nostri spazi, del continuo rafforzarsi del centro egemonico del mondo in mezzo ad una crescente emarginazione. E di elaborare concetti alternativi».[4]

È meglio fermarsi qui, per non tormentare ancor più il lettore. Forse proprio a questo genere di articoli si riferiva Oscar Wilde quando diceva che nel passato gli uomini subivano la tortura della ruota: oggi quella della rotativa.

La vita della polis

Nella sua rubrica sul «Mattino» di Napoli, dal titolo *Menti e mentine*, il noto giornalista sportivo e fascinoso presentatore televisivo Oliviero Beha piange la scomparsa dei Movimenti (ecologisti, per la pace, per una scuola migliore ecc.), assorbiti dai partiti. «Avendo succhiato tutta la politicità che c'era in giro» scrive Beha «da qualche anno (?) i partiti sono fagocitatori di persone utili, a pagamento, finalizzate senza nemmeno un briciolo di "inservibilità" individuale. L'omologazione della politica nei partiti è questo, non molto altro. Si piallano via le differenze insieme con un'anacronistica via artigianale alla politica, dentro i partiti ma non solo necessariamente: il processo industriale deve mettere a profitto e riciclare ogni cosa, ogni momento. Troppo. Troppa merce in giro, troppo simile destinata esclusivamente al mercato. E la vita della

[4] «il manifesto», 28-8-1991

polis che pure vede mercati assai animati, non si esaurisce in questa occasione...»[5]

Il lettore non ci ha capito niente? Ha una *mente* più piccola di una *mentina*. E può consolarsi con questi versi tratti da una poesia di Karl Kraus: «Tutti vorrebbero fare un giornale / se non occorresse altro che inchiostro tipografico. / Non basta saper non pensare: / bisogna anche saper esprimere l'assenza di pensiero».

Un paradigma

Nella prima pagina dell'«Unità» Enzo Tiezzi annuncia ai lettori l'uscita di una nuova rivista che si chiama «Arancia Blu».

«"Arancia Blu"» scrive Tiezzi «un'apparente contraddizione, che in realtà, come tutte le contraddizioni, rivela l'impossibilità di chiudere completamente un paradigma e la necessità di accogliere molteplici punti di vista per affrontare qualsiasi problema conoscitivo o di realizzazione.»[6]

Un problema conoscitivo c'è, c'è ancora: che cos'è «Arancia Blu»?

Approfondire i contenuti

Sull'«Espresso» il critico d'arte Ida Panicelli illustra – in un articolo dal titolo «Il Melting pot dell'arte» – le nuove tendenze dell'arte figurativa: «Abbattute le barriere dello specifico, e appropriatisi del centro così come

[5] «Il Mattino», 30-9-1989
[6] «l'Unità», 23-4-1990

della periferia dei linguaggi (e dopo aver citato tutto il citabile), oggi molti giovani artisti affrontano con consapevolezza un approfondimento dei contenuti ».[7]

Chissà quale tendenza artistica fiorirebbe se i giovani artisti sorvolassero sui contenuti, smettessero di fare citazioni, rispettassero la proprietà (del centro e della periferia) e consolidassero le barriere dello specifico.

Quanti pensieri!

Nella pagina culturale del « Mattino » di Napoli Paolo Giuntella riflette sul futuro dei Paesi dell'Est europeo dopo il crollo dei regimi comunisti. « Il paradosso dell'Est » scrive Giuntella[8] « è che la fuoriuscita da un sistema politico (ma anche di organizzazione sociale, di organizzazione della cultura e del tempo libero, del costume) nato su un "pensiero forte" non avviene, almeno per ora, su sentieri di "pensiero debole" ma anzi piuttosto su sentieri di altro pensiero forte (o almeno ricerca di pensare forte). »

Quanti pensieri deve aver dato il Giuntella studente ai suoi professori.

7 « l'Espresso », 26-5-1991
8 « Il Mattino », 24-1-1990

VIII

La parola alla difesa

Ma perché le vittime della leggerezza, delle bugie e della negligenza (ma anche dell'ignoranza) dei giornalisti non si ribellano? Perché non provano a ristabilire la verità, magari inondando le redazioni di smentite?

Perché le lettere di smentita, il più delle volte, servono a poco. Innanzitutto vengono pubblicate senza alcun rilievo e nelle ultime pagine dei giornali, per cui è praticamente impossibile che siano viste dalla maggior parte dei lettori che hanno già letto l'articolo contestato. E poi perché si corre il rischio che siano seguite da una replica, da una controsmentita.

Di fronte a una smentita che dimostra – con dati di fatto inoppugnabili – che il giornale ha pubblicato una notizia falsa, l'autore di quest'ultima molto raramente riconosce di aver sbagliato o di aver mentito più o meno spudoratamente; quasi sempre si discolpa scaricando su altri la responsabilità dell'errore; e spesso trova anche il modo di insinuare altri dubbi, di pubblicare altre maldicenze per danneggiare ancor di più la sua vittima.

Insomma, più che una replica, una piccola arringa in piena regola.

Biscardi professor Aldo

L'«Europeo» è indignato: Aldo Biscardi, il popolare conduttore televisivo del *Processo del lunedì*, è stato nominato «docente di giornalismo all'università di Camerino. Dobbiamo esigere di sapere chi ha deciso di affidare a Biscardi – uno che parla un Italiano incespicante e confuso, miserabile persino nella grammatica – un insegnamento universitario». L'articolo di Giordano Bruno Guerri, dal titolo «Follia, Biscardi è professore», riempie due intere pagine di giornale.[1]

Puntuale, al settimanale arriva la smentita del professor Mario Giannella, rettore dell'università di Camerino: nessuno si è mai sognato di assegnare a Biscardi una cattedra di giornalismo.[2]

Altrettanto puntuale la replica di Giordano Bruno Guerri: è stato «lo stesso Biscardi a dichiarare, in numerose interviste, di insegnare in quell'università, senza mai venire smentito».[3]

Che è un po' come dire: che ci posso fare io se Biscardi è un millantatore? Ma il presentatore contro-replica, inviando una lettera all'«Europeo» con la quale sfida pubblicamente Giordano Bruno Guerri a indicare nomi, date, luoghi, circostanze in cui avrebbe dichiarato di insegnare all'università di Camerino.

Quest'ultima lettera di Biscardi non è stata mai pubblicata. E la sfida, naturalmente, non è stata mai raccolta.

[1] «Europeo», 2-1-1991
[2] «Europeo», 15-2-1991
[3] «Europeo», 22-2-1991

In giro per il Mondo

Giancarlo Parretti, proprietario (pro-tempore) della Metro Goldwin Mayer «millanta credito». Promette «un'alleanza sicura con Berlusconi» sulla base di un progetto che prevede lo scambio incrociato di partecipazioni azionarie MGM-Fininvest, allo scopo di stringere «un'alleanza multimediale tra le due sponde dell'Atlantico». Così il settimanale economico «Il Mondo», in un articolo non firmato.[4]

Ma Parretti smentisce: «Non ho mai dichiarato» scrive al settimanale «che tra la Fininvest e la MGM sussista un progetto che comporti lo scambio di partecipazioni azionarie fra i rispettivi gruppi».

«Il Mondo» non si scompone: la smentita non smentisce affatto. Perché? Perché – replica il settimanale – « "il Mondo" non ha scritto che Parretti "ha dichiarato", ma che "va dicendo in giro" ».[5]

Chissà quanti redattori del «Mondo», in giro per il mondo, per raccogliere le cose che vanno dicendo in giro i vari finanzieri.

Giro, girotondo / in giro per il mondo...

Balle o Lepidotteri?

Sul «Giornale» di Montanelli Giancarlo Perna scrive che Ciriaco De Mita, parlando di Virginio Rognoni, ha detto: « "Vuole fare il Ministro? Gli darò i Beni Culturali". Ossia un posto di Serie C».[6]

4 «Il Mondo», n. 7-1991
5 «Il Mondo», n. 9-1991
6 «il Giornale», 15-3-1986

L'indomani il quotidiano pubblica la secca smentita di De Mita: «I giudizi riportati da Perna su Rognoni non sono distorti, sono falsi, sono inventati. Per il semplice fatto che non ho mai espresso né pensato le frasi che mi vengono attribuite».

La replica di Perna, è, nel suo genere, un capolavoro: «Mi resta la speranza di un rigo di ringraziamento da parte di Rognoni. Adesso sa che il segretario del suo partito non vuole dargli un ministero di serie C. La battuta di De Mita, se io non l'avessi infilzata (come una farfalla molesta), chissà per quanto tempo avrebbe continuato a volteggiare indisturbata per Montecitorio».[7]

Che fantasia e che faccia tosta questi giornalisti. Le sparano grosse e le gabellano per lepidotteri. Allora:

Se una balla
è una farfalla,
l'asino che raglia
è un poeta di vaglia.

Una visita fallita

Il ministro degli Esteri Gianni De Michelis è in visita a Riad. Ma l'aereo arriva in ritardo, e «salta l'appuntamento con il ministro degli Esteri saudita Al Faisal». Così ad accogliere De Michelis, nella grande hall della residenza ufficiale del governo saudita (la Royal Guest House) «c'è soltanto un annoiato capitano della guardia saudiana e alcuni militari in tuta mimetica». Dopodiché

[7] «il Giornale», 16-3-1986

« salta anche la conferenza stampa congiunta con il principe Al Faisal » (con il quale De Michelis non riuscirà ad avere neppure un colloquio).

Ma guarda che maleducati questi sauditi: è questo il modo di trattare un ministro della Repubblica italiana? Povero De Michelis!, avranno pensato i lettori della « Stampa », leggendo questa cronaca[8] del fallimento di una visita di Stato, in un servizio dell'inviato Francesco Santini.

Senonché l'Ufficio stampa del nostro ministero degli Esteri invia al quotidiano di Torino una lettera con la quale precisa che: « 1) fin dal momento del suo arrivo all'aeroporto di Riad, De Michelis è stato accolto dal suo collega Al Faisal; 2) a Riad i due ministri degli Esteri hanno avuto tre colloqui; 3) uno di questi è avvenuto durante una cena ristretta nella residenza di Al Faisal ».

« Chiedo scusa ai lettori e all'interessato se ho dato l'impressione che il nostro ministro degli Esteri fosse trattato dai sauditi come un povero pellegrino. Ma ero stanco e sono andato a dormire (oppure: sono andato a caccia di farfalle – a Riad ce ne sono di specie rarissime – di cui anch'io sono collezionista). E poi non mi andava proprio di seguire passo passo la visita di De Michelis. Anche perché i suoi incontri con Al Faisal non interessano nessuno. » Se questa fosse stata la replica dell'inviato della « Stampa », avrebbe avuto, vivaddio, il merito della franchezza. Almeno.

E invece: « Prendo atto della precisazione sulle accoglienze all'aeroporto di Riad del ministro degli Esteri italiano De Michelis. Un particolare sfuggito all'inviato » è la replica di Santini « per gli inevitabili contrattempi in visite

[8] « La Stampa », 10-3-1991

tanto frenetiche. Il fatto è che ho riportato gli avvenimenti con gustosi particolari di cronaca: piccole notizie, per altro, taciute dal servizio stampa e informazione del ministero degli Esteri».[9]

Dunque: per Santini la colpa delle notizie false sulla mancata accoglienza e sui colloqui andati in fumo ricadrebbe tutta sul servizio stampa della Farnesina. Che non avrebbe fatto il suo dovere «tacendole» (e come avrebbe potuto darle, visto che erano inventate di sana pianta?).

Se ne sono viste rivoltare di frittate, ma come questa...

L'Orlando irritato

Come avete visto, raramente i giornalisti si scusano: al massimo «prendono atto». Non si è mai letto, di seguito ad una smentita, un semplice «sì, ho sbagliato, (oppure ho scritto il falso). E pertanto chiedo scusa all'interessato e ai lettori». Qualche rara volta questo tipo di scuse le porge il giornale. Il giornalista che ha sbagliato, quasi mai.

Alterigia, arroganza, sicumera, superbia? Certamente mancanza di umiltà. Un'umiltà che sino a qualche tempo fa era tradizione manifestare almeno nel rapporto con i lettori. Oggi anche questo sembra stia scomparendo.

Quelle inviate dai lettori non sono delle vere e proprie lettere di smentita. È certo, comunque, che coloro che le inviano sono mossi dall'onesto desiderio di ristabilire la verità, strapazzata dal loro giornale. Non c'è alcun dubbio, poi, sul fatto che i lettori le scrivono disinteressatamente. Non sono stati direttamente danneggiati dalla noti-

[9] «La Stampa», 20-3-1991

zia falsa o sbagliata del loro giornale. Meriterebbero, dunque, solo ringraziamenti. Meriterebbero...

Una lettrice di Vercelli, Maria Olmo, fa cortesemente notare due strafalcioni pubblicati lo stesso giorno dal «Giornale» di Montanelli. Goffredo De Marchis[10] ha definito «la Romania un paese baltico» (la Romania è a un migliaio di chilometri dai Paesi baltici: Estonia, Lettonia e Lituania). Federico Orland*i*[11] ha scritto che i patti Lateranensi furono sottoscritti non da Mussolini e dal Cardinale Gasparri ma da «Mussolini e dal Cardinale Rampolla».

Ed ecco la replica, affidata ad Orland*o* (furioso no, ma certamente irritato):

«Gentile Signora, so benissimo che il segretario di Stato di Pio XI era Gasparri, ma siccome sto rileggendo la storia di Leone XIII m'è sfuggito dalla penna il nome di Rampolla. Così il collega che ha titolato sulla Romania, sa benissimo che i Paesi baltici sono altri, ma doveva essere frastornato dagli avvenimenti della Lituania. Non è che le informazioni siano superficiali, è questione di ritmi, di velocità. E anche di distrazione, lei stessa, per esempio, mi chiama Orlandi, benché da 15 anni io scriva in queste pagine col mio vero nome, che è Orlando. Cordialmente».[12]

Né ringraziamenti, né scuse. Ma solo rimproveri per l'incauta lettrice di Vercelli che ha osato scrivere una «i» al posto di una «o». Neppure un errore d'ortografia: chiunque ci passerebbe sopra, anche perché la signora Olmo non fa la giornalista, non è pagata per scrivere ed essere letta da centinaia di migliaia di persone. Ma Orlando non

[10] «il Giornale», 27-1-1990
[11] «il Giornale», 27-1-1990
[12] «il Giornale», 15-2-1990

perdona. Lui, invece, che di mestiere fa il giornalista, può confondere un segretario di Stato vaticano del secolo scorso con uno di questo secolo. E il suo collega De Marchis può ridisegnare a suo piacimento la carta geografica dell'Europa, spostando la Romania di circa mille chilometri più a nord.

Loro possono farlo perché «sanno benissimo». E guai a chi lo mette in dubbio.

L'anno zero

Ma la lettrice del «Giornale» può dirsi fortunata. Almeno non è stata sbertucciata come è capitato invece a un lettore di «Epoca».

Alla fine dell'89 il settimanale pubblica un inserto [13] per celebrare, avvicinandosi il 1990, l'inizio dell'ultimo decennio di questo secolo. E poiché finisce nel 2000, l'ultimo decennio di questo secolo significa anche l'ultimo decennio del secondo millennio: una solenne celebrazione, dunque, se la merita davvero.

Il lettore Santi Correnti, docente di storia all'università di Catania, fa garbatamente osservare, in una lettera al direttore di «Epoca», Alberto Statera, che è stato «troppo precipitoso». L'ultima decade di questo secolo (e quindi del 2° millennio) comincia nel '91, non nel '90. «Così come l'era cristiana ha avuto inizio con l'anno 1 dopo Cristo e non con l'anno zero.»

Non l'avesse mai fatto: sul povero lettore di Catania si abbattono i fulmini di Enzo Forcella, incaricato dal diretto-

[13] «Epoca», 12-11-1989

re di rispondere per «Epoca»: «C'era da aspettarselo. Che qualcuno avvicinandosi alla fine del secolo, si facesse avanti per riproporci il vecchio rompicapo che i professori burloni si divertono a riproporre periodicamente a ogni generazione di studenti».

Secondo Forcella solo apparentemente il ragionamento del professor Correnti non fa una grinza. Perché? Perché – obietta il giornalista di «Epoca» – «un anno si divide a sua volta in mesi, giorni, minuti, secondi. La simbolica stella che annuncia ai pastori di Betlemme l'avvento della nuova era non appare al termine dell'anno 1 ma al momento della nascita del Cristo. Il primo secolo dell'era cristiana, quindi, comincia con il primo minuto dell'anno 0 e finisce con l'ultimo minuto dell'anno 99, e così via».

Una lezione coi fiocchi, non c'è che dire. Ma a Forcella non basta. Ne vuole impartire una memorabile, al docente siciliano. E allora, senza pietà, lo mortifica spiattellandogli tutto, ma proprio tutto, il suo sapere. Ovverossia la scienza di un calendarista provetto: «Non si dimentichi, inoltre» incalza Forcella «che il calendario ha però un carattere puramente convenzionale. Il punto di partenza delle relative periodizzazioni non ha mai un fondamento obiettivo, "scientifico". Nessuno ha mai potuto stabilire l'effettiva data di nascita di Gesù e comunque l'anno non comincia il 25 dicembre, ma il primo gennaio. È solo a partire dal sesto secolo, infine, che la proposta di fare iniziare l'era cristiana dalla nascita di Gesù comincia ad essere accettata in Europa».

Non contento, dopo lo scherno e la lezione, Forcella assesta una bella bacchettata sulle dita del lettore di Catania: «Professore, mi rattrista dover ricordare queste nozioni abbastanza elementari proprio a lei che insegna storia in una università della Repubblica».[14]

Ma il professor Santi Correnti sa di aver ragione, e vuole farla valere. Così scrive una seconda lettera, comprensibilmente risentita, per «essere stato esposto al pubblico ludibrio». Mentre «è Forcella che sbaglia, non io. Per la semplice ragione che non esiste l'anno zero come egli farnetica: lo sfido pubblicamente a citarmi un solo episodio storico avvenuto nell'anno zero. La storia dell'era volgare è cominciata l'anno 1, non l'anno zero».

Bisogna dare atto a Forcella di aver, a questo punto, riconosciuto di averla fatta proprio grossa. Tanto grossa da doversi cospargere il capo di cenere. «Ahimè, mi sono sbagliato. Mi costa ammetterlo perché generalmente sto sin troppo attento a quel che scrivo,» è la sua risposta «ma questa volta mi sono sbagliato. Il professor Correnti ha diritto alle mie scuse.»

Alleluia! Ma quanta fatica...

[14] «Epoca», 10-12-1989

Appendice

Riceviamo e malvolentieri pubblichiamo:

Messere,

casualmente ho avuto tra le mani le bozze del suo libro. Incuriosito (mi sono sempre interessato alle chroniche e ai chronisti) gli ho dato un'occhiata e vi ho trovato più d'uno «strafalcione sesquipedale» (non lo chiamerebbe così, lei?) che mi riguarda.

Nella nota n. 3 al V capitolo (I tuttologi) lei scrive che io avrei tifato per Ugo di san Vittore e per le sue tesi sull'Immacolata Concezione di Maria con «i primi versi del trentatreesimo canto del *Paradiso*: "Immacolata Maria, Madre del tuo Figlio / umile e sublime creatura"».

Non so da dove possa aver preso i suddetti versi, perché quelli scritti da me sono: «Vergine Madre, figlia del tuo figlio / umile e alta più che creatura».

Quanto al «tifo» che, secondo lei, io avrei fatto per Ugo di san Vittore, preferendolo a san Bernardo di Chiaravalle, si tratta di una madornale sciocchezza. Innanzitutto perché i primi trentanove versi dell'ultimo canto del *Paradiso* sono un inno che proprio san Bernardo rivolge alla Santissima Vergine Maria. Dunque, come avrebbe potuto, san Bernardo, andare contro se stesso e le sue convinzioni teologiche? E come può pensare, poi, ch'io parteggi per un misconosciuto teologo mistico come Ugo di san Vittore, preferendolo ad un Dottore della Chiesa, al «Doctor Millefluus» san Bernardo di Chiaravalle, uno dei personaggi principali del mio *Paradiso*?

La verità, messere, è che a chronisti come lei dovrebbe essere vietato scrivere di queste cose. Perché lei è più presuntuoso di quei molti, tanto presuntuosi, che si credono tutto sapere. Lei, messere, prende in giro «i tuttologi». Ma lei, messere, lei che discetta di storia, di giornalismo, di letteratura, di politica, di latino e di molto altro che cos'è? Non è un tuttologo?

Dante Alighieri

Cosa sono? Glielo dico subito, signor Alighieri: sono un giornalista, ecco cosa sono. Ma si tolga dalla mente di potermi intimidire, impedendomi di scrivere ciò che più mi piace. Non sono più i tempi suoi, questi, quando si imbavagliavano i «chronisti». Si metta l'animo in pace. Oggi in Italia c'è la libertà di stampa, una libertà sacra e inviolabile sancita dalla Costituzione Repubblicana. E neppure a Dante Alighieri può essere consentito di attentarvi.

Quanto ai primi versi dell'ultimo canto del suo Paradiso, *prendo atto che quelli da me citati non sono esatti. Ma si è trattato di un piccolo, banale errore di trascrizione.*

Per quanto riguarda, infine, il suo tifo per Ugo di san Vittore, la sua smentita mi lascia piuttosto stupito.

La notizia mi è stata data da una fonte attendibilissima (che naturalmente non posso rivelarle) nell'ambiente degli esuli fiorentini da lei frequentato a Ravenna. E confermata da altre fonti, altrettanto attendibili, in ambienti veronesi e bolognesi che l'hanno conosciuta molto bene du-

rante il suo esilio, proprio mentre lei era intento a scrivere La Divina Commedia. *Nessuna delle suddette fonti aveva alcun motivo per inventarsi che lei stimava moltissimo Ugo di san Vittore e apprezzava le sue tesi sulla nascita della Madonna. La notizia, dunque, era e rimane certa. Non è con smentite così poco convincenti, caro signor Alighieri, che si può mettere il bavaglio alla stampa.*

Illustrissimo,

ser Alighieri, in verità un po' disgustato, mi ha passato, «per competenza», le bozze delle pagine del suo libro dedicate alle citazioni latine: "Latinorum" e "Perit qui fila tangit". A pagina 107, ella scrive che ser Nello Ajello sbaglia una citazione latina: «quis custodiet custodes». Mi dispiace doverle dire che è lei a sbagliare.

Il detto latino di ser Ajello è corettissimo. Se lo lasci dire da un umanista che ha dedicato praticamente tutta la vita allo studio e alla difesa della lingua latina e che ha scritto *Elegantiae linguae latinae*. Ma l'aver colto un errore inesistente farebbe solo sorridere se ella non avesse anche scritto che « "quis custodiet custodes" » è tratto dalle *Eglogbe* di Decimo Giunio Ludifico (il Giovane) e suona così: « "Sed quis custodiet medesmos custodes?" »

Qui c'è veramente da inorridire. Il detto latino è tratto dalla sesta satira di Giovenale e suona così: «Sed quis custodiet ipsos custodes?». Stesso, stessa (oppure medesimo, medesima) in latino si dice ipse, ipsa, ipsum. Il suo «medesmos» non è nemmeno latino maccheronico.

L'autore da lei citato, infine, Decimo Giunio Ludifico non esiste, né giovane, né vecchio. Non solo tra gli scrittori latini, ma neppure tra gli umanisti che si dilettarono di latino nel Medio Evo e nei secoli successivi.

E adesso mi tolga una curiosità. Dove ha trovato questo Ludifico? In un libro? In un documento?

Gielo chiedo perché, come lei certamente saprà, mi interessano i falsi. Mi piace studiarli e smascherarli come mi è capitato di fare, per esempio, con la famosa «Donazione di Costantino».[1]

Oppure – ma non ci posso credere – se lo è inventato pur di dimostrare la sua tesi?

Lorenzo Valla

Perit qui fila tangit. Quod scripsi, scripsi.[2]

[1] Un falso documento comprovante la donazione di vasti territori italiani alla Chiesa da parte dell'Imperatore Romano Costantino il Grande. E su cui la Chiesa fondò per secoli la legittimità del suo potere temporale.

[2] Chi tocca i fili muore. Ciò che scrissi, scrissi. («Quod scripsi scripsi» si trova nel Vangelo di San Giovanni.)

Indice dei nomi

Abulfaragio (Barebreo), 29, 30
Achilla, generale egizio, 28
Adornato, Ferdinando, 20, 21, 104, 105
Aflak, Michel, 6
Agca, Alì, 46
Ahmad, generale saudita, 147
Ajello, Nello, 107, 173
Al Faisal, ministro saudita, 164, 165
Alberoni, Francesco, 137, 139
Albertario, Emilio, 37, 39
Alighieri, Dante, 79, 106, 133n, 172, 173
Amato, Giuliano, 103
Ammiano Marcellino, 29
Ammurabi, 140
Andreotti, Giulio, 49, 107
Ariosto, Ludovico, 151
Aristotele, 31, 79
Asti, Adriana, 55, 56
Augias, Corrado, 36, 41-43
Augusto, Caio Giulio Cesare Ottaviano, 10-13
Aulo Irzio, 29
Aureliano, imperatore, 29, 30
Baglivo, Adriano, 116, 117, 119
Bailly, Auguste, 29
Balzac, Bernard-François, 97
Balzac, Honoré de, 97, 98
Barbaglia, Enzo, 43
Barzini, Luigi senior, 151
Beha, Oliviero, 158
Belvedere, Luigi, 115, 116
Berlusconi, Silvio, 84, 163
Bernard, Tristan, 52
Berni, Francesco, 99, 100
Bernieri, Claudio, 145, 146, 148, 149
Biagi, Enzo, 99, 100, 124
Biancheri, Giuseppe, 23
Bierce, Ambrose, 83
Biscardi, Aldo, 162
Bisel, Sarah, 20
Boato, Marco, 62, 63, 68, 70
Boba, Silvia, 157
Bocca, Giorgio, 39, 40, 64, 96-98
Bodrato, Guido, 75, 76
Boiardo, Matteo Maria, 99
Bolognini, Mauro, 92, 93
Bompressi, Ovidio, 74
Bonsanti, Sandra, 38
Borges, Jorge Luis, 3

Boterico, comandante romano, 24, 25
Bourget, Paul, 92
Bozzi, Aldo, 135
Brandes, Karl, 29
Brazzi, Rossano, 109
Brecht, Bertold, 79, 82, 83, 100
Brod, Max, 82
Bufalini, Paolo, 107
Buscaroli, Pietro, 27, 28
Bush, George, 10, 23, 25, 46, 145

Cagliari, Gabriele, 43
Calabresi, Luigi, 62, 63, 69, 73
Canfora, Luciano, 29
Cangini, Franco, 118
Capanna, Mario, 48, 49
Caproni, Giorgio, 86, 87, 100
Caracciolo, Carlo, 85
Carcopino, Jérôme, 29
Cardini, Franco, 35
Carducci, Giosuè, 139
Carlo V, imperatore, 9, 12
Carlson, Eric, 144
Ceccarelli, Filippo, 107
Cesare, Caio Giulio, 11, 12, 28-30, 101, 107
Ciampi, Azeglio, 99
Cicerone, Marco Tullio, 101, 102
Cifoni, Dario, 43
Cioppa, Elio, 38
Ciro il Grande, imperatore persiano, 140
Citati, Pietro, 20, 80
Cleopatra VII, 10, 28
Colombo, Cristoforo, 40, 104
Colombo, Furio, 104, 105
Contessa, Giuseppe, 36
Correnti, Santi, 168-170
Corsi, Ermanno, 112
Cossiga, Francesco, 37, 38, 81, 156
Costantino il Grande, imperatore, 174n
Craxi, Bettino, 8, 9, 99, 107, 154, 155
Curzi, Alessandro, 36

dalla Chiesa, Carlo Alberto, 57
D'Angelo, Vito, 116
D'Annunzio, Gabriele, 92
De Benedetti, Carlo, 85
De Benedetti, Giulio, 153
De Gasperi, Alcide, 16
Degli Antoni, Piero, 149, 150
De Lorenzo, Giovanni, 49
De Marchis, Goffredo, 167, 168
De Michelis, Gianni, 53, 54, 62, 63, 164, 165
De Mita, Ciriaco, 103, 154, 163, 164
D'Errico, Enzo, 112
Diaconale, Arturo, 9
Dini, Massimo, 139
Dioguardi, Giovanni, 128
Dione Cassio Cocceiano, 29
di Piazza, Giuseppe, 68, 69
D'Ottavio, Remo, 51, 52
Druso, Maggiore, 11

Eco, Umberto, 28
Eltsin, Boris, 59-61, 157
Ennio, poeta, 44
Enrico IV, re di Francia, 9
Enrico VIII, re d'Inghilterra, 8

Fallaci, Oriana, 144, 145
Fanfani, Amintore, 17, 18

Fava, Nuccio, 154, 155
Feltri, Vittorio, 58, 150, 151
Ferdinando II di Borbone, re delle Due Sicilie, 19
Ferrara, Giuliano, 62, 64, 105-107
Fiechter, Geraldina, 65-67
Fiora, Marco, 106
Fiorentini, Elisabetta, 80
Fisichella, Domenico, 155, 156
Flesca, Giancesare, 81
Flores d'Arcais, Paolo, 62
Forcella, Enzo, 168-170
Formigoni, Roberto, 45-47
Foscolo, Ugo, 97
France, Anatole, 92
Francesco I, re di Francia, 9
Frazier, Alice, 82
Freud, Sigmund, 79
Funari, Gianfranco, 102
Furst, Henry, 85, 87

Gagliardi, Rina, 69, 70
Gandhi, Feroze, 8
Gandhi, Indira, 7, 8
Gandhi, Mohandas Karamchand, 7, 8
Gandhi, Rajiv, 7, 8
Gardini, Raul, 43
Garibaldi, Giuseppe, 14
Garofano, Giuseppe, 43
Gasparri, Pietro, cardinale, 167
Gelli, Licio, 37-39
Gellio, Aulo, 29
Gengis Kan, imperatore mongolo, 140
Giannella, Mario, 162
Gibbon, Edward, 30
Ginzburg, Natalia, 55
Giovenale, Decimo Giunio, 101, 107, 173
Giuntella, Paolo, 160
Giustiniano, imperatore d'Oriente, 106
Gorbaciov, Michail, 61, 156, 157
Goria, Giovanni, 99, 102
Grassini, Giulio, generale, 38
Grey, Christopher, 144
Grimmelshausen, Hans Jakob von, 83
Guarini, Ruggero, 53
Guerri, Giordano Bruno, 162
Guido di Lusignano, 7
Guitry, Sacha, 52, 53

Hanoko, 26
Havel, Vaclav, 80, 81
Heidegger, Martin, 79
Hemingway, Ernest, 146
Hitler, Adolf, 5, 26, 57, 58
Horst, Eberhard, 29
Hugo, Victor, 95
Hussein, Saddam, 5, 6, 23, 25, 34, 148

Ibn al-Qifti, 29, 30
Incagliati, Piero, 46
Ingrao, Pietro, 85, 87
Isman, Fabio, 81

Jannuzzi, Lino, 50
Jorge da Burgos, monaco, 31
Judeich, Walther, 29

Kafka, Franz, 79, 80, 100
Kandler, Bruno, 95
Kant, Immanuel, 79

Kraus, Karl, 79, 131, 159
Krokaa, Randi, 62-73

Laborit, Henry, 22
Las Casas, Bartolomé de, 14
Leopardi, Giacomo, 88
Levi, Clemente, 127
Libiano, retore, 24
List, Adam, 27
Liszt, Franz, 27
Livio, Tito, 29
Lucano, M. Annaeus, 29
Lucca, Daria, 69-71
Luigi XIV, re di Francia (re Sole), 21
Lutero, Martin, 12
Luttazzi, Lelio, 109

Macciocchi, Maria Antonietta, 103
Machiavelli, Niccolò, 6, 79
Maisano, Leonardo, 132
Malerba, Luigi, 23, 25
Man, Igor, 6
Manca, Enrico, 99
Manes, Giorgio, generale, 50, 51
Mann, Thomas, 95, 96
Manzoni, Alessandro, 15, 16, 74, 75, 79, 90, 97
Maometto, 6, 7
Maradona, Diego Armando, 24
Marano, Davide, 110-114
Marano, Giuseppe, 110, 111
Marchesi, Maurizio, 75
Marco Antonio, 10, 13
Marino da Caramanico, 106
Marino, Leonardo, 74
Marino, Ruggero, 91
Martelli, Claudio, 42, 62, 63, 107
Martini, Aldo, 75, 76
Martini, Carlo Maria, cardinale, 75, 76
Martini, Fulvio, 50
Martini, Pietro, 75, 76
Martino, Antonio, 128
Marx, Karl Heinrich, 103, 104
Marziale, Marco Valerio, 101, 104
Mastai Ferretti, Giovanni Maria, papa Pio IX, 22, 23, 133
Mazzini, Giuseppe, 14
Mazzocchi, Silvana, 38
Messori, Vittorio, 13-15
Mieli, Paolo, 118
Milone, Fulvio, 111
Molnár, Ferenc, 89, 100
Mondini, Luciano, 136
Montale, Eugenio, 79, 85-88
Montanelli, Indro, 8, 9, 26-28, 80, 118, 134, 151, 163, 167
Mora, Giangiacomo, 15, 74
Moravia, Alberto, 89, 90
Moro, Aldo, 8, 17, 18, 37, 38, 57
Moro, Tommaso, 8
Munzi, Ulderico, 76
Mussolini, Benito, 23, 57, 87, 101, 138

Najm ad-Din, 6
Nannen, Henry, 58
Napoleone I Bonaparte, imperatore dei francesi, 20, 21, 149
Nappa, Angelina, 115, 116
Nappa, Elvira, 115, 116
Navarro, Joaquin, 46
Nehru, Pandit Jawaharlal, 8
Nemecek, calciatore, 88, 89
Nenni, Pietro, 16, 18

Olmo, Maria, 167
Omar, Ibn al-Khattab, 29, 30
Omero, 79, 151
Orefice, Vittorio, 21-23
Orlando, Federico, 167
Orosio, Paolo, 29
Ottone, Piero, 134

Panicelli, Ida, 159
Pannella, Giacinto (Marco), 49
Pansa, Giampaolo, 72-74
Pantarelli, Franco, 125
Parretti, Giancarlo, 163
Pascarella, Cesare, 40
Pavese, Cesare, 87
Pavlov, Ivan Petrovič, 22
Pecci, Vincenzo Gioacchino, papa Leone XIII, 23, 167
Pendinelli, Mario, 118
Pera, Renato, 8
Perna, Giancarlo, 91, 163, 164
Perrelli, Demetrio, 58
Perrotta, Gino, 117
Petrarca, Francesco, 90
Petri, Elio, 91
Piacentini, Marcello, 22
Piazza, Guglielmo, 15, 74
Pietrostefani, Giorgio, 74
Pilato, Ponzio, 74
Pirandello, Luigi, 79
Piro, Franco, 62
Placido, Beniamino, 53-55, 85-89, 102, 154, 155
Planche, Gustave, 97
Plutarco di Cheronea, 5, 29
Popov, Aleksandr Stepanovič, 21, 22
Pozzoli, Augusto, 122

Rampolla del Tindaro, Mariano, cardinale, 167
Ranke-Heinemann, Uta, 137
Ratti, Ambrogio Damiano Achille, papa Pio XI, 167
Reggio, Mario, 36
Resnais, Alain, 22
Riccio, Mario, 111
Rinaldi, Claudio, 62, 64, 65, 73
Ripamonti, Giuseppe, 74, 75
Rizzoli, Angelo, 134
Rocard, Michel, 76
Roccia, Adriana Benedetta, 115, 116, 118
Roccia, Anna, 115
Roccia, Ferruccio, 115, 120
Roccia, Laura, 116, 118
Rognoni, Carlo, 58
Rognoni, Virginio, 37, 163, 164
Romano, Ruggiero, 55
Romano, Sergio, 55
Ross, Alfred, 60
Ruggiero, Bruno, 38
Rumor, Mariano, 17
Russo Spena, Giovanni, 48, 49

Saffo, 79
Salah ad-Din (Saladino), 5, 6
Sama, Carlo, 43
san Bernardo di Chiaravalle, 133, 171, 172
san Giovanni, evangelista, 107, 174
san Giovanni Crisostomo, 24
San Gregorio Magno, 104n
san Luca, evangelista, 107
san Marco, evangelista, 107
san Matteo, evangelista, 107
sant'Agostino, 23

sant'Ambrogio, vescovo di Milano, 23-25
Santapaolo, Alessandra, 110, 111
Santini, Francesco, 165, 166
Sassoli, David, 38
Satta, Gloria, 93, 94
Scalfari, Eugenio, 10-13, 50, 51, 61, 83, 84, 91, 102, 103, 118
Schillaci, Lanfranco, 121, 123, 124
Schillaci, Maria, 121, 123, 124
Schillaci, Miriam, 121-124
Sciascia, Leonardo, 16, 79, 90, 91, 100
Scipione, Publio Cornelio (l'Africano), 44
Scipioni, Giovanni, 43, 44
Scotti, Vincenzo, 45
Seneca, Lucio Anneo, 29
Serao, Matilde, 92
Shakespeare, William, 79
Shamir, Ytzaak, 35
Sibilla di Jaffa, 7
Signorile, Claudio, 54
Sisti, Leo, 62, 63
Sofri, Adriano, 62-64, 68-71, 73, 74
Sollimani, Piero, 27
Sordi, Alberto, 147, 148
Sorge, Richard, 26
Spinosa, Antonio, 29
Stalin, Iosif Vissarionovič Džugašvili, 26
Staller, Ilona (Cicciolina), 147
Statera, Alberto, 168
Stendhal, Henry Beyle, 96-98
Stille, Ugo, 119
Sully, Maximilien de Béthune, duca di, 10

Tambroni, Ferdinando, 16, 17
Taradash, Marco, 49
Tasso, Torquato, 151
Tassoni, Alessandro, 99, 100
Teodosio il Grande, imperatore, 24, 25, 31
Teofilo, patriarca, 30
Terenzio Afro, Publio, 101
Tiberio, generale romano, 11
Tiezzi, Enzo, 159
Tith, Alex, 68
Togliatti, Palmiro, 16
Tolomeo XIII, re d'Egitto, 28
Tomasi di Lampedusa, Giuseppe, 79, 92-94, 100
Tomasi, Gioacchino Lanza, 94
Torlonia, Leopoldo, duca, 127
Tortora, Enzo, 109, 119
Trane, Rocco, 54
Twain, Mark, 125

Ugo di San Vittore, 133, 171-173
Ulagu, imperatore mongolo, 140

Valentini, Giovanni, 65, 101
Valla, Lorenzo, 174
Valpreda, Pietro, 109
Vanacore, Pietrino, 109
Varo, Publio Quintilio, 11
Vassalli, Giuliano, 62, 63
Vercesi, Pierluigi, 5
Vignolo, Mino, 132
Virgilio, Publio Virgilio Marone, 101, 102, 104
Visconti, Luchino, 92, 95, 96
Vittorini, Elio, 87
Vittorio Emanuele II di Savoia, re d'Italia, 14, 23

Vittorio Emanuele III di Savoia, re d'Italia, 23
Volli, Ugo, 55, 56
Voltaire, François-Marie Arouet de, 140, 141

Wagenbach, Klaus, 80
Wilde, Oscar, 158
Wittgenstein, Ludwig, 79
Wojtyla, Karol, papa Giovanni Paolo II, 45-47

Zaccagnini, Benigno, 75
Zanetti, Livio, 36
Zenobia, regina di Palmira, 29
Zincone, Giuliano, 19
Zolla, Elémire, 53
Zuccolini, Roberto, 135, 136
Zucconi, Vittorio, 59-61, 82

Ringraziamenti

Questo libro non sarebbe stato neanche concepito se, qualche anno fa, quando mi improvvisai « pressappocologo », non fossi stato incoraggiato a continuare dai « Beati Paoli » (Paolo Franchi, Paolo Mieli e Paolo Passarini) e da Gianfranco Piazzesi. Non sarebbe stato pubblicato se non ci avessero creduto – oltre che l'editore, naturalmente – Furio Colombo, Bruno Manfellotto e Livio Zanetti. Non sarebbe stato scritto se Ruggero Guarini non avesse accettato di posare il suo sguardo benevolo sulla mia modesta prosa. Un particolare ringraziamento a Filippo Ceccarelli: l'unico giornalista che, con rara eleganza, mi ha fornito la documentazione dei suoi errori.

« Pressappoco »
di Onofrio Pirrotta
Collezione Ingrandimenti

Arnoldo Mondadori Editore

Questo volume è stato impresso
nel mese di gennaio dell'anno 1992
presso lo Stabilimento Nuova Stampa Mondadori - Cles (TN)

Stampato in Italy - Printed in Italy